DUMONT

1985 – Es ist ein verrückter, heißer Sommer, in dem Boris Becker Wimbledon gewinnt, vier Passagierflugzeuge innerhalb eines Monats abstürzen, alle großen Rockstars bei Life Aid für das hungernde Afrika singen und in einer Siedlung am Rand der Stadt drei Familien zu zerbrechen drohen.
Ulla und Rainer. Rita und Georg. Ella und Bernhard. Drei Paare. Mütter und Väter. Sie wohnen in dänischem Design, fahren nach Südfrankreich in den Urlaub, schicken ihre Kinder zum Cello-Unterricht und zum Intelligenztest. Sie versuchen, sich als aufgeklärte und interessierte Menschen zu beweisen, die das richtige Leben führen. Wo wäre das leichter als in den sorgenfreien Achtzigerjahren der Bundesrepublik? Und warum funktioniert es trotzdem nicht?
Alexa Hennig von Lange erzählt die Geschichte einer Generation von Eltern, die ein freieres Miteinander wollten. Der Ideologien, denen sie folgten. Der Liebe, die sie verband. Der Ängste, die sie hatten. Der Kindheit, die sie sich für ihre Söhne und Töchter wünschten. Der Fehler, die sie machten. Der Entschlüsse, die ihre Kinder deshalb fassten.

Alexa Hennig von Lange, geboren 1973, wurde mit ihrem Debütroman ›Relax‹ 1997 zu einer der erfolgreichsten Autorinnen ihrer Generation. Es folgten zahlreiche weitere Romane, Erzählungen, Theaterstücke und Jugendbücher. 2002 wurde Alexa Hennig von Lange mit dem Deutschen Jugendliteraturpreis ausgezeichnet. Bei DuMont erschienen die Romane ›Risiko‹ (2007), ›Peace‹ (2009) und ›Die Weihnachtsgeschwister‹ (2019). Die Schriftstellerin lebt mit ihrem Mann und ihren fünf Kindern in Berlin.

Alexa Hennig von Lange

KAMPFSTERNE

DUMONT

Von Alexa Hennig von Lange sind bei DuMont außerdem erschienen:

Relax
Peace
Die Weihnachtsgeschwister

FSC
www.fsc.org
MIX
Papier aus verantwortungsvollen Quellen
FSC® C083411

September 2019
DuMont Buchverlag, Köln

Umschlaggestaltung: Lübbeke Naumann Thoben, Köln
Satz: Angelika Kudella, Köln
Gesetzt aus der Albertina
Druck und Verarbeitung: CPI books GmbH, Leck
Gedruckt auf säurefreiem und chlorfrei gebleichtem Papier
Printed in Germany
ISBN 978-3-8321-6502-4

www.dumont-buchverlag.de

Für meine Eltern,
die uns Kindern gezeigt haben,
was Liebe ist.

RITA

Ich stehe mit dem Rücken zur weißen Schrankwand. Hinter mir die Cognacflaschen, der Schallplattenspieler. Unsere Bücher. Das *Köln Concert*. Da-da-da-da-da. Ich sehe hinaus in unseren mit hohen Backsteinmauern umgebenen Garten. Alle Gärten in dieser Bungalowsiedlung sind klein. Wie Handtücher. Also kein Neid. Zumindest nicht, was den Garten anbelangt. Ansonsten könnte ich hier in der Siedlung auf alles neidisch sein. Zum Beispiel auf dieses Kind da draußen zwischen unseren Bambus-Sträuchern. Dieses kleine Mädchen in seinem dunkelblauen Faltenröckchen und niedlicher Puffärmelbluse. Mit den feuerroten Troll-Haaren, seinem sommersprossigen Puppengesicht, süßen Marzipanärmchen, in die ich am liebsten hineinbeißen würde. Lexchens grundlose Fröhlichkeit bringt mich um den Verstand. Geduckt wieselt sie durchs Gebüsch. Kurz darauf streicht sie mit großen, begeisterten Augen über die glänzenden Samenhülsen unserer knorzligen Magnolie, als wären es Wunderwerke der Natur. Sie breitet die Arme aus und ruft: »Oh, wie wunder-wunderschön!«

Ich könnte durchdrehen beim Anblick dieses kleinen Mädchens, das nicht meine Tochter ist. Sondern die von meiner Freundin Ulla. Mit ihrer Familie wohnt sie auf der anderen Seite der Siedlung. Und obwohl ein paar Häuserreihen zwischen uns liegen, spüre ich Ulla hinter jeder

Mauerecke. Hinter jedem spinnennetzverhangenen Wacholder. Jederzeit könnte sie hinter einem von Bienen umflorten, gelb blühenden Ginster hervortreten. In ihren Männerstiefeln, abgetragenen Jeans und einem ihrer Karohemden. Mit hochgekrempelten Ärmeln, als wäre sie ein kanadischer Holzfäller. Fehlt bloß noch die Axt über der Schulter. Ihr Mann steht auf diese Männerverkleidung. Vermutlich, damit niemand etwas von Ullas sonnengebräunter Sexualität mitbekommt. Lächerlich. Als könnte Ulla die irgendwie unter einem karierten Männerhemd verstecken.

Ich mag es nicht, wenn Lexchen mit meiner Tochter Klara im Garten spielt. Weil ich die beiden dann ständig miteinander vergleiche und Klara dabei grundsätzlich schlechter abschneidet. Obwohl Lexchen drei Jahre jünger ist als sie und schon seit einiger Zeit nicht mehr wächst. Falls das mal jemandem aufgefallen ist!?

Mein Mann nennt unsere Tochter stolz »Käthchen«. Wie »Käthchen von Heilbronn«. Aber dieses kleine, rothaarige Mädchen, dieses wahre Wunderwerk der Natur, nennt meine Tochter nicht »Käthchen«, sondern »Käuzchen«! Weil sie »Käthchen-von-verschissen-Heilbronn« nicht kennt. Als wäre Klara ein hässliches Käuzchen mit Krächzestimme. Und damit trifft Lexchen den Nagel auf den Kopf. Aus Klara wird leider niemals ein anmutiges Singvögelchen werden. Was Lexchen überhaupt nicht stört. Sie findet einfach alles schön. Mit ihren winzigen braunen Sandalen springt sie im Pferdchen-Galopp durch die Siedlung, pflückt Gänseblumensträußchen, streichelt Magnolienknospen, sammelt Gras und sagt zu allem: »Oh, wie wunder-wunderschön!« Sogar zu meiner Klara. Dabei ist sie das genaue Gegenteil von Oh-wie-wunder-wunderschön. An ihr stimmt gar nichts. Nicht mal ihre Stimme. Und das liegt an meinem Mann. An dem stimmt auch nichts. Total verknorzelter Typ. Wie unsere Magnolie. Wenigstens verdeckt er sein fliehendes Kinn mit seinem Vollbart. Aber sein Vollbart kann nicht verdecken, dass er sich in seinen beigen Cordanzügen linkisch bewegt, dass er asthmakrank ist, dass er keine Kraft hat.

Im Gegensatz zu Ullas Mann, vor dem man als Frau richtig Angst haben könnte. Aber vor meinem Mann hat niemand Angst. Nur, dass er einem ein langweiliges Gespräch über seine Jugend aufdrücken könnte. Und wie er beim Reden immer wieder die Gläser seiner Brille poliert! Ich halte diesen Anblick nicht aus. Ich halte mein fehlgeleitetes Leben nicht aus. Genau wie ich den Anblick von diesem Lexchen nicht aushalte. Ich habe es Ulla schon ein paarmal gesagt: »Pass auf deine Tochter auf.«

Tja.

Ich gieße mir einen Schluck Rum ein, bleibe hinten im Wohnzimmer an der Schrankwand stehen. Inzwischen ist Klara wieder aus dem Schuppen aufgetaucht. Sie und Lexchen rupfen Löcher in unseren Rasen und stopfen das Gras durch den Maschendraht vom Kaninchenstall. Ich will dieses kleine Mädchen nicht mehr hier haben. Ich will mich in meinem Zuhause wieder frei bewegen, mich gut fühlen können. Nicht immer diesen unerträglichen Vergleichen ausgesetzt sein zwischen Ullas kleinem Mädchen und meiner Tochter.

Klara spielt Geige. Jeden Nachmittag klemmt sie sich das Instrument in ihrem Zimmer unters Kinn und übt Vivaldi.

Mit ausreichend Disziplin kann sie die zweite Anne-Sophie Mutter werden. Vielleicht nicht ganz so virtuos. Im Übrigen komponiert sie schon kleine Sonaten. Das können nicht viele Kinder. Lexchen kann es in jedem Fall nicht. Dafür hat sie diese süße Stimme, mit der sie die ganze Zeit die größten Hits der *Goldenen Dreißiger* singt, seitdem sie von ihrer Tante diese Nazi-Schallplatte geschenkt bekommen hat. Trällert fröhlich vor sich hin, als wäre sie die große Lilian Harvey höchstpersönlich, und tanzt feierlich dazu herum. *So wie ein Wunder fällt auf uns nieder vom Paradies ein gold'ner Schein.*

Und dieser verdammte goldene Schein fällt vor allem auf Lexchen nieder. Jeder, der Böses im Sinn hat, wird geradezu auf dieses kleine Mädchen hingelenkt. Es kreiselt im Lichtkegel und irgendwann wird es ganz plötzlich ins Dunkle gezerrt werden und für immer verschwinden. Weg. Unauffindbar! Doch zuallererst wird dieses Kind aus dem Licht unseres Gartens, unseres kleinen Paradieses mit dem Kaninchenstall, der Magnolie, dem Rasen und meinem eigenen Komposthaufen verschwinden. Dafür werde ich sorgen.

Ich nippe am Glas. Der letzte übrig gebliebene Geschmack meines intellektuellen Lebens. Johannes, mein sechzehnjähriger Sohn, frickelt in seinem Zimmer herum. Mit irgendwelchem Technikkram. Hier ein Schräubchen, da ein Schräubchen. Er ist ein entsetzlicher Frickler. Aber auch er wird seinen Weg machen. Mit seinen dicken Brillengläsern. Als Konstrukteur. Wie Werner von Siemens. Das ist klar. Meine Kinder sind beide sonderbegabt. Und das macht vor allem Lexchens große Schwester Constanze rasend. Sie hasst es, wenn jemand besser ist als sie. Doch noch mehr hasst sie es, wenn jemand mehr gefördert wird als sie. Vor der muss man sich in Acht nehmen. Die ist gefährlich. Um ein Hundertfaches unberechenbarer und gefährlicher als ihr Vater. Sie ist wie ein fliegender Kampfstern.

Barfuß mache ich einen Schritt über unseren hellen Teppichboden. Ins Licht hinein. Ich stehe im Schutz der spiegelnden Fensterscheibe. Von draußen dürften mich die beiden Mädchen nicht bemerken. Nur, wenn sie sehr genau durchs Glas sehen. Aber sie sind in ihr Spiel vertieft und ich sollte langsam anfangen, den Marmorkuchen für Klaras elften Geburtstag zu backen. Ganz ehrlich: Man sollte lesbisch sein, wie Susan Sontag! Da kommst du gar nicht in die Verlegenheit, hauptberuflich Kinder großzuziehen, den Haushalt zu schmeißen oder deinen Ehemann auf Abstand zu halten. Du verliebst dich in eine unabhängige, intellektuelle Frau, bist mit ihr zusammen. Du bist in Frieden, mit deinen Gedanken, deinen Beobachtungen, Rückschlüssen und feinsinnigen Analysen. Alles kein Problem. Alles übersichtlich.

Als hätte Susan Sontag je einen Marmorkuchen gebacken!

Für eine Nicht-Lesbe hat Ulla das beste Leben überhaupt. Halbtags arbeitet sie im Büro ihres Mannes als Architektin. Sie hat diese beiden hübschen Töchter, diesen größenwahnsinnigen Mann. Sie hat Sex. Sie hat ein schönes Zuhause. Sie hat einen Schrebergarten und sie hat Kraft. Unglaubliche Kraft, derer sie sich gar nicht bewusst ist. Ulla ahnt gar nicht, dass sie fähig wäre, einen Lkw anzuheben, wenn eins ihrer Kinder darunter liegen würde. Sie ist so erbärmlich in ihrer ganzen eingebildeten Hilflosigkeit. Dabei ist sie es, die mit Sicherheit einen Atomschlag überstehen würde. Sie und ihre haltbare Familie, in der keiner unter einer Tierhaarallergie leidet, Asthmatiker ist oder eine Brille trägt.

Aber Ulla erkennt ihr Glück nicht. Sie erkennt einfach nicht, was sie hat. Diese mental schwache, schwache Person. Wäre ich ihr Mann, hätte ich sie schon längst geohrfeigt und geschüttelt. Das macht er natürlich auch. Und dann kommt Ulla in ihren Männerstiefeln und Blessuren zu mir gerannt und weint sich bei mir aus. Oben, in meinem Zimmer. Auf meiner peruanischen Bettüberdecke. Wie ein schluchzender kanadischer Holzfäller. Mein ganzes Zimmer ist voll von ihrer Traurigkeit. Ihrem Schluchzen. Und unten im Garten spielen die Kinder. Ulla weigert sich, erwachsen zu werden. Dabei ist sie so eine schöne Frau. Sehr weiblich. Sehr schöne Rundungen. Langes, schwarzes Haar, das ihr leicht indianisches Gesicht rahmt, ein bisschen wie die weibliche Form von Patti Smith, und ich sage so oft: »Ich weiß gar nicht, was du hast! Du bist so hübsch …« Und dabei stelle ich mir vor, wie ich sie endlich küsse.

Aber sie sagt nur: »Ich kenne keine Patti Smith!«

Weil sie sich in ihrem Unglück zu Hause fühlt. In ihrem blöden, eingebildeten Unglück. Als Gefangene ihres Mannes, als Gefangene unserer Siedlung, als hätte man sie in dieses Leben entführt! Zwischen all diese perlenkettenbehängten Frauen, die nicht arbeiten, sondern nur den Haushalt machen, ihre Kinder aufziehen und nichts zu erzählen haben, mal abgesehen vom Tratsch und ihren verpimpelten Südfrankreichurlauben. Warum macht Ulla nicht den gottverdammten Führerschein, damit wir uns mal ab und zu eine Ausstellung ansehen können? Niemand hat solch ein tiefgreifendes Kunstverständnis wie sie. Aber Ulla befürchtet, dass sie gegen die nächste Häuserwand fährt. Dann soll sie die Augen aufmachen und sehen, dass sie eine Wahl hat! Aber auch davor hat sie zu viel Angst. Angst. Angst. Angst.

LEXCHEN

Meine große Schwester Cotsch und ich sitzen mit meinen Puppen auf dem Wohnzimmerteppich und flechten ihnen Zöpfe. Hinter der großen Fensterscheibe mäht Papa im Garten unseren Rasen. Er hat seine abgeschnittenen Jeans an und obenrum ist er nackt. Mit seinen ganzen Muskeln stemmt er sich gegen den Rasenmäher. Ruschsch! Ruschsch! Ru-hu-huschsch! Das war eine kleine Unebenheit. Ruschsch! Mama backt so lange in der Küche einen Apfelkuchen. Es ist Sonntag und ziemlich heiß zwischen den Häusern. Cotsch und ich waren vorhin kurz mal draußen auf der Straße. Über dem Asphalt flimmerte die Luft, der Himmel war ohne Wolken und der Boden so aufgeheizt, dass wir wieder reingerannt sind. Dicht neben mir atmet meine Schwester mit ihren dunklen, geflochtenen Zöpfen. Ich sehe ihre langen schwarzen Wimpern. Ich sehe ihre gebräunten Hände, die meiner Puppe eine neue weiße Spitzenbluse anziehen, und ich sehe, wie Papa plötzlich die Terrassentür mit Wucht aufstößt und das runde

Tablett mit dem aufgemalten Blumenmuster ins Wohnzimmer schleudert und brüllt: »Wer lässt das im Garten liegen?«

Dabei ist klar, dass Mama das war. Meine Schwester und ich heben augenblicklich unsere Köpfe. Ich sehe das Gesicht meiner Schwester, sonnengebräunt, und ihre angespannten Lippen, als würde sie in Gedanken gerade jemanden aufschlitzen. Ich sehe, wie sie ihre Zähne aufeinanderbeißt, und ich sehe die Funken in ihren Augen. Ich höre ihren leisen, scharfen Atem und gleich ist alles wieder vorbei. Wir antworten Papa nicht. Mama kommt eilig aus der Küche. In ihrem blau-rot karierten Hemd. Sie wird einfach das Tablett aufheben und in die Küche tragen, damit es keinen Ärger gibt. Mamas grüner Blick streift uns. Papa verschwindet wieder in den Garten, zu seinen Elefantengräsern und Tränenden Herzen. Ich atme ganz vorsichtig. Ich halte meine Puppe im Schoß. Ich fühle mein Herz schlagen. Mama hebt das Tablett vom Teppich auf. Aber als ihr langes, dunkles Haar über ihr Gesicht rutscht, lächelt sie nicht wie sonst. Zum Zeichen, dass wir Papa nicht so ernst nehmen sollen. Dass alles nicht so schlimm ist. Sie hebt einfach das Tablett auf, geht damit zur offenen Terrassentür und schleudert das Tablett wie eine Frisbeescheibe quer durch den Garten, direkt vor den Rasenmäher. Sie ruft: »Hier drinnen kann ich das auch nicht gebrauchen.«

Cotsch und ich atmen nicht mehr. Unsere Augen sind riesig. Wir gucken und gucken und sehen, wie Papa mit wildem Blick ins Wohnzimmer stürmt. Wie ein nicht zu bremsender Krieger. Mama, meine Mama, meine Mama, Mama! Ihr Kopf wird an den Haaren nach hinten gerissen.

Neben uns wird sie in die Knie auf den flauschigen Teppich gezwungen.

»Runter mit dir!« Mit seiner ganzen Kraft zwingt Papa sie in die Knie. Er drückt Mama richtig nach unten und mit seiner anderen Hand holt er aus und …

Unsere Mama fleht: »Rainer! Bitte nicht!«

Ich sehe, wie Papas Hand niedersaust und auf meine kniende Mutter eindrischt. In ihrem Karohemd, in ihren Jeans. Ihr dunkles, langes Haar fliegt. Mit ihren Armen versucht sie, ihren Kopf zu schützen. Direkt neben meiner Schwester und mir.

Ich höre meine Mutter flehen: »Rainer! Nicht vor den Kindern!«

Mein Vater lässt sie los, ihr nackter Fuß berührt meinen Oberschenkel – und ein paar Sekunden später mäht Papa wieder draußen den Rasen. Mama keucht und steht wankend von unserem Teppich auf, als wäre nichts passiert. Sie lächelt uns an. Wir halten meine Puppen fest. Aus ihrer Nase blutet es. Unsere Mama streicht uns mit zitternder Hand über die Köpfe und sagt fröhlich: »Der Apfelkuchen müsste gleich fertig sein.«

Mama taumelt zurück in die Küche. Ich sehe meine Schwester an. Sie fasst mit ihrer zarten Hand fest um mein sommersprossiges Handgelenk. Ganz fest.

Meine Mutter eignet sich überhaupt nicht als Vorbild. Sie lässt sich von meinem Vater verprügeln. Und das schon, seitdem ich denken kann. Als hätte sie keine andere Wahl. Sie akzeptiert, dass er ihr kein Geld gibt, obwohl sie für ihn im Büro arbeitet. Sie trägt keinen Lippenstift, weil er das künstlich findet. Sie zieht sich an wie ein Mann. Angeblich findet Papa das visionär. Meine Mutter hat Männerklamotten an! Karierte Hemden und Jeans! Als wäre sie der Cowboy Jim aus Texas. Keine gottverdammte Frau in dieser ganzen verschissenen Siedlung trägt karierte Hemden und Jeans. Hier sind Röcke mit gebügelten Blusen angesagt. Perlenohrringe. Schicke Frisuren. Was man eben so macht, wenn man in der modernen Gesellschaft eine angemessene Rolle spielen will. Mama hat nicht mal einen Führerschein. Kein Auto. Mama muss alles mit ihrem bekloppten Rad erledigen und behauptet auch noch, es macht ihr Spaß. Für die Familie einkaufen, mit Jutetaschen rechts und links am Lenker. Einem Pappkarton auf dem Gepäckträger. Weil Papa ihr nur ein bisschen Haushaltsgeld gibt, näht sie für uns diese Vorkriegs-Kleider. Wie die Amish People laufen meine kleine Schwester und ich herum. In blau-weiß karierten Hängerchen. Fehlt bloß noch die weiße Haube auf dem Kopf! Was es für mich in der Schule echt speziell macht. Die Jungs denken, ich bin keusch oder so. Warum sollte ich? Unser Fernseher steht im Keller. Da muss ich mir die Zeit anders vertreiben.

Außerdem hat Mama es nicht auf die Reihe gekriegt,

mich in die Stadt zum Intelligenztest zu bringen. Die Kinder von Rita waren selbstverständlich dort und den beiden Hirnis wurde gleich mal eine ordentliche Sonderbegabung attestiert. Alle Kinder in dieser verfickten Siedlung sind angeblich sonderbegabt und werden von ihren ehrgeizigen Eltern gefördert, obwohl sie im Grunde genommen alle behinderte Arschlöcher sind. Ich muss mir die ganze Scheiße alleine aneignen, die diese Schwachkopfkinder in den Arsch geschoben kriegen.

Aus lauter Not stricke ich mir neuerdings schon sexy Oberteile, die ich demnächst gegen die Amish-People-Kleider eintauschen werde. Beim Frauenarzt, wo ich mir selbstständig die Pille besorgt habe, habe ich Strickmuster aus der *Brigitte* rausgerissen. Anders komme ich ja nicht an das Material ran. Ich kann super stricken, aber interessiert keine Sau. Ich bin die Beste in der Jazz-Dance-AG, interessiert keine Sau. Ich bin Klassenbeste, scheißegal. Ich kriege nicht mal Taschengeld. Wenn ich was brauche, muss ich es leider aus Mamas Haushaltskasse entwenden. Im Umkreis von hundert Kilometern habe ich mit Abstand die knackigste Figur, sieht nur niemand unter meinen Kartoffelsackkleidern. Ist vermutlich Absicht. Meine Mutter hat nämlich Schiss, dass mir draußen in der bösen Welt was passiert. Ständig telefoniert sie mir hinterher. Gerade mal fünf Minuten bin ich aus dem Haus, schon muss sie bei meinen Klassenkameradinnen anrufen, ob ich auch wirklich angekommen bin, oder sie heizt auf dem Rad durch die Gegend, um mich aufzuspüren. Ich habe überhaupt keine Privatsphäre. Mama behauptet, ich sei haltlos. Dabei ist sie es! Sie macht echt richtig schlimme Dinge.

Besonders mit dieser Rita. Ständig rennt sie zu der rüber. Mit ihrer Anti-Atomkraft-Jutetasche, in der eine Pulle Rum liegt. Den säuft sie mit dieser gewissenlosen Rita. Weil Mama meint, das sei wenigstens eine intellektuelle Frau, mit der sie differenzierte Gespräche führen kann. Aber in Wahrheit hört sich Mama nur an, wie toll Ritas Kinder sind. Wie sonderbegabt und so weiter. Dabei sind es richtige Waschlappen, die nicht einen Fuß vor den anderen setzen können. Was sich diese Rita schon alles geleistet hat! Hat Mama nicht mal zu ihrem Geburtstag eingeladen, weil sie meinte, Mama passt nicht zu den anderen Siedlungsfrauen in ihren schicken Klamotten. Was ja auch stimmt! Aber trotzdem war Mama echt fertig deswegen und wer musste sie aufbauen? *Moi!* Und neulich hat Rita einfach Lexchens Ballettanzug verkauft, den sie Klara freundlicherweise ausgeliehen hatte. So was bringt Rita ständig. Nutzt Mama aus, wo es nur geht. Als Mama den Anzug schließlich wiederholen wollte, hat Rita ganz cool gemeint: »Den habe ich in den Secondhandladen gebracht.«

Und was macht Mama? Nichts! Sagt nur: »Oh, schön!« Um die Freundschaft nicht zu gefährden!

Und meine kleine Schwester hat keinen Ballettanzug mehr und kann nicht zum Ballett gehen. Dabei tanzt sie so gerne. Und nach all diesen Geschichten wundert sich meine Mutter, dass ich den Leuten heimleuchte, wenn sie mir blöd kommen? Macht ja sonst keiner!

Unseren Nachbarsjungen Trinus habe ich zum Beispiel neulich verdroschen, als der mir draußen auf dem Hof einen von seinen Dartpfeilen in die Wade geschossen hat. Damit stochert der sich ansonsten gerne mal zwischen den Zähnen herum. Ich habe ihn mir geschnappt, in seinen blauen kurzen Hosen und seinem eleganten Kurzarmhemd, und habe ihm mit dem Springseilgriff eins übergezogen. Will ich Tollwut kriegen?

JOSCHI

Ich liege auf unserem Sofa im Wohnzimmer und kraule unsere Siamkatze Esmeralda. Überall an den Wänden hängen Aktzeichnungen, die alle meine Mama gemacht hat. Einmal die Woche geht sie in die Volkshochschule zum Aktzeichenkurs. Die Leute, die sich da zum Abzeichnen zur Verfügung stellen, sind alle richtig fett. Die haben gigantische Speckrollen. Aber Mama meint: »Solche Körper sind dankbar zum Zeichnen.« Am liebsten benutzt sie orangefarbige Buntstifte. Und damit das alles schön plastisch wirkt, arbeitet sie noch mit einem weißen Stift die ganzen Wölbungen heraus. Ich dachte, ich gewöhne mich an die Bilder, aber es ist echt nicht leicht.

Es klingelt vorne an der Tür und Mama ruft von oben runter: »Joschi, gehst du mal?« Schätze, sie töpfert gerade wieder irgendwas und hat die Hände voller Pampe. Meine Mutter ist total versessen auf Kunsthandwerk. Unser ganzes Haus ist voll von ihren Kreationen. Selbstgetöpferte Vasen. Patchwork-Kissen und ihre Aktzeichnungen. Als würde sie hoffen, dass mal irgendjemand kommt und einen Bildband über unser kreatives und inspirierendes Zuhause macht.

Ich mache die Tür auf. Lexchen steht davor und sieht total begeistert aus. »He, Joschi! Hast du Zeit?«

Jeden Nachmittag kommt sie her, außer ich bin mit Klara beim Ballett. Kein Urteil! Alle Kinder aus der Siedlung gehen hier zum Ballett. Das gehört zur klassisch-künstlerischen Ausbildung. Als Lebensbasis, meint Klaras Mutter. Die ist voll besessen von der klassisch-künstlerischen Ausbildung. Nur Lexchen geht jetzt nicht mehr hin, weil Klaras Mutter neulich ihren Ballettanzug im Secondhandladen verkauft hat. Keine Ahnung, warum. Meiner Mutter ist es egal, ob ich zum Ballett gehe. Findet sie nicht dringend notwendig für einen Jungen. Aber Klaras Mutter will, dass ich eine Freizeitbeschäftigung mit Klara teile. Ebenfalls keine Ahnung, warum.

Jedenfalls steht Lexchen in ihrem karierten Kleid vor mir, als würde sie bei *Unsere kleine Farm* mitmachen. Dieser Familienserie, die im Wilden Westen spielt. Gucke ich mir immer mit Mama an, bevor sie für Papa Abendessen macht. Ich trete zur Seite und Lexchen zwängt sich an mir vorbei in unseren dämmrigen Flur, die Treppe runter in unser Wohnzimmer und lässt sich da auf unseren riesigen Sitzsack fallen. Lexchen liebt unseren Sitzsack. »Bist du alleine zu Hause?«

»Nee, meine Mutter töpfert oben.«

Lexchen schaukelt auf dem Sitzsack ein bisschen hin und her wie in einem riesigen Schwimmring, sodass die Styroporkügelchen darin rascheln. Dann springt sie wieder auf und spaziert raus in unseren Garten. Neben unserem Teich unter den Büschen bleibt sie stehen. Blau schimmernde Libellen sirren um ihren Kopf, die Sonne fällt auf ihr rotes Haar, als hätte sie einen Heiligenschein. Von da ruft sie wie eine kleine Fee: »Joschi, wollen wir was spielen?«

Ich komme auch raus in die Sonne, ein paar gelbe Zitronenfalter kreisen um ihre Schultern, und ich frage: »Was denn?« Ich gebe zu, ich hab es nicht so mit Ideen. Mir ist irgendwie alles recht.

Lexchen zuckt mit den Schultern. »Wir können in den Wald gehen und uns einen Unterschlupf bauen. Als würden wir im Wald leben wie *Die Höhlenkinder* und den ganzen Tag nur Beeren essen.«

»Von mir aus.« Ich ziehe mir meine Turnschuhe an, Esmeralda streift um meine Beine, und dann gehen Lexchen und ich in der heißen Nachmittagssonne die Straße runter, an den geparkten Autos, den ganzen Vorgärten mit ihren Rosenbüschen und Lavendelstauden vorbei, in den Wald, wo es ziemlich flirrt und grün ist und die Vögel in den Zweigen zwitschern. Immer tiefer hinein, ins Unterholz. Zum »Heimlichen Grund«. Es knackt unter unseren Füßen. Ich sehe Lexchens Sandalen, und immer, wenn Lexchen und ich über die Wurzeln steigen, muss ich an diese Geschichte denken, die neulich in der Zeitung stand. Über ein kleines totes Mädchen im Wald.

RITA

Was soll ich jetzt dazu sagen? Georg und ich haben schon längst getrennte Schlafzimmer. Um ehrlich zu sein, haben wir nie wirklich zusammen in einem Bett gelegen. Wenn, dann nur, um unsere Kinder zu zeugen. Ich habe im ersten Stock mein Zimmer. Mit Schreibtisch und schmalem Bett, sodass Georg gar nicht erst auf die Idee kommen kann, sich zu mir zu legen. Ich habe so eine bunte peruanische Wolldecke drübergeworfen. Auf der sitzt Ulla jetzt und ist – wie immer – unglücklich. Dabei lächelt sie. Das ist Ullas große Spezialität: lächeln und dabei unglücklich sein. Nebenan übt Klara quietschend ihren Vivaldi. Fiedel, fiedel, quietsch. Was mir richtig an die Substanz geht. Und Ulla sitzt einfach im sanft einfallenden Licht, das sich durch den halb zugezogenen Vorhang drängt, sodass sich ein heller Balken über ihr hübsches Gesicht mit dem violetten Hämatom legt und ihre Augen glänzen. Sie sieht mich abwartend an und ich denke: Wie die junge Patti Smith. Nur noch viel schöner. Und genau das ertrage ich nicht. Diese Schönheit, gepaart mit Schwachheit. Ich halte das im Grunde genommen für blanke Koketterie. Guckt Ulla eigentlich nie in den Spiegel? Vermutlich nicht! Denn dann müsste ihr längst aufgefallen sein, dass sie definitiv die besseren Karten hat als ihr Mann. Er hat Angst, dass sie abhaut! Das sieht doch ein Blinder! Ich verschränke meine Arme vor der Brust und frage mit unterdrückter Wut: »Was ist jetzt schon wieder los?«

Sie lächelt: »Er hat mich vor den Mädchen geschlagen.«

»Warum das denn?«

»Weil ich eine Dummheit begangen habe. Ich habe das Tablett wieder raus in den Garten geworfen.«

»Wieso?« Ich verstehe überhaupt nichts. Wieso wirft sie ein Tablett in den Garten?

Sie zuckt mit den Schultern und lächelt noch ein bisschen mehr: »Ich weiß es nicht. Weil …«

Und plötzlich sieht sie mich flehend an, als hätte ich die Macht, sie aus ihrer ganz persönlichen Hölle zu retten. Ihre Augen sind rot und sie wäre so glücklich, wenn ich sie in den Arm nehmen würde. Und sie mein kleines Mädchen sein könnte. Aber ich habe keine Lust darauf, ihre Mutter zu spielen. Da ist sie bei mir an der falschen Adresse. An so einer Art von Freundschaft bin ich nicht interessiert. Im Übrigen würde ich sie dann küssen und mich in meiner ganz persönlichen Schwachheit offenbaren. Weil natürlich jeder im Grunde seines Herzens schwach ist, und vermutlich nehme ich deswegen allen ihre Schwachheit so übel, weil sie mich an meine eigene erinnert. Wer möchte schon gerne schwach sein? Ich nicke und gieße uns den Rum ein, den Ulla in ihrer Jutetasche mitgebracht hat. Ich reiche ihr eins von den Schnapsgläsern und unsere Finger berühren sich und die Zeit verlangsamt sich für diesen flüchtigen, kostbaren Moment. Wir trinken das Zeug und Ulla fragt allen Ernstes: »Warum ist Rainer nur so voller Wut?«

Weil er hilflos ist. Weil er nur diese eine Art der Kommunikation zur Verfügung hat. Unterwerfung. Immer Unterwerfung. Sehr männliches Verhaltensmuster. Ich sehe ihre Lippen. Ihr kariertes Männerhemd, dessen oberste Knöpfe aufgesprungen sind. Ich sehe ihre gebräunten Hände. Ihren schweren Ehering und sie legt ihren Kopf ein wenig schief und lächelt ihr mädchenhaftes Lächeln. Hinter ihr an der Wand hängen die feinen indianischen Perlenketten, die ich alle während der Poetik-Vorlesungen im Studium aufgezogen habe. Als hätte ich damals schon von Ulla gewusst. Wie schön die vielen kleinen roten Perlen auf ihrer nackten, gebräunten Haut aussehen würden. Annie Leibovitz würde sich die Finger danach lecken. Würde Ulla ganz nackt ausziehen, nur mit all den indianischen Ketten behängt, und sie links an der Kamera vorbeiblicken lassen.

Ich lehne mich gegen meinen Schreibtisch, und als Klara nebenan ihr Gefiedel kurz unterbricht, flüstere ich in den sommerlichen Dämmer, in das Amselgezwitscher hinein: »Du bist selbst schuld, wenn du dir das von deinem Mann gefallen lässt.«

Mit großen Augen sieht mich Ulla an. Erschrocken, dass so etwas Hässliches aus mir herauskommen kann, wo doch auf ihrer linken Wange ein violetter Bluterguss zu sehen ist. Aber es ist nur die Spitze des Eisberges, von dem, was ich in Wahrheit denke. Da ist noch viel Hässlicheres in mir. Ich will all diese Dinge besser gar nicht sagen, aber wenn ich sie nicht sage, vergiften sie mich. Und ich weiß, dass ich recht habe. Es ist die Wahrheit. Ulla sollte endlich kapieren, dass es zwischen uns beiden nicht mehr um Höflichkeit und Trost geht, sondern um das Akzeptieren der Realität. Der Realität zwischen uns. Zwei erwachsenen Frauen. Zwei hungrigen, erwachsenen Frauen. Die Realität ist, dass sich Ulla wehren muss. Dass sie sich fragen muss, was sie wirklich will. Dass wir beide uns sehr gut verstehen. Und dass wir in dieser Siedlung sehr eng beieinander wohnen und alle

Erwachsene sind. Dass wir alle versuchen, ein glückliches Leben zu führen. Und dass ich frustriert bin.

»Was soll ich denn machen?«, flüstert sie zurück. »Ich will nicht mehr geschlagen werden.«

Ich zucke mit den Achseln. »Dich trennen?«

Der Sommerduft vom blühenden Ginster kommt durchs gekippte Fenster.

»Ich habe kein Geld.« Ulla reibt mit ihren Händen über ihre Knie in den abgetragenen Jeans. Ihr Ehering glänzt schwer und golden.

Ich räuspere mich. »Er muss dir etwas zahlen, wenn ihr euch trennt.«

»Aber ich liebe ihn.« Ullas Unterkiefer zittert.

Es reicht. Ich stoße mich vom Schreibtisch ab, ziehe sie von meiner Bettkante hoch und schiebe sie aus meinem Zimmer. »Dann ist doch alles gut.«

Diesen Quatsch mit »Aber ich liebe ihn« will ich mir nicht mehr anhören. Es tut mir weh. Es verletzt mich. Es ist nicht das erste Mal, dass wir dieses Gespräch führen. Wir haben es schon sehr oft geführt, auch schon viel ausführlicher. Aber wie das so ist, wenn Menschen ihr Unglück nicht ändern wollen: Sie finden tausend Gründe, warum sie das immer gleiche Gespräch wieder und wieder führen müssen. Ihre Zwangslage wird zunehmend ausgefeilter, je mehr Vorschläge man ihnen zur Änderung macht. Darum sage ich jetzt nichts mehr. Ulla weiß, wie ich zu der Sache stehe. Sie kann nicht ihren Mann behalten und meine Zärtlichkeit bekommen.

Sie steigt vor mir die Treppe hinunter, an den schwarzweißen Fotografien vorbei, die Georg von den Kindern im

Garten unterm Rasensprenger gemacht hat. Damals, als wir zumindest noch ein bisschen eine Familie waren. Ich folge Ulla und schiebe sie durch unser helles Wohnzimmer, an unseren hellen Möbeln vorbei, über den hellen Teppich, weiter in den Garten hinaus. Vor dem wehenden Bambus dreht sie sich zu mir um und lächelt ins silbrige Rascheln hinein: »Ich muss los, ich weiß gar nicht, wo meine Kinder sind.«

Als hätte ich sie hier länger als nötig festgehalten. Sie steht noch ein bisschen herum, als würde sie darauf warten, dass ich ihr tröstend über den Rücken streiche. Das wird nicht passieren, bis sie endlich schnallt, was ihr eigentliches Problem ist.

ULLA

Ich liege im Bett. Mit weit geöffneten Augen. Die Fenster sind weit geöffnet. Dahinter flirren die hellgrünen Blättchen an den ausladenden Ästen der Akazie, die wir gepflanzt haben, als wir in dieses Haus gezogen sind. An einem heißen Sommertag hat Rainer das kleine Bäumchen an einem Bahndamm ausgegraben. In seinem weißen Hemd, schwarzen Pullunder und weiten Hosen, wie ein richtiger Architekt. Mit seinem Seitenscheitel, schwer atmend, weil wir in der flimmernden Hitze schon ein ziemliches Stück mit den Rädern gefahren waren. Ich stand hinter ihm in diesem Springkraut und habe gelauscht, ob ein Zug kommt. Er mochte, dass ich kräftig und in der Lage war, kilometerweit mit dem Rad zu fahren, ohne einen Schluck Wasser zu trinken oder irgendwo ein Stück Kuchen essen zu wollen. Natürlich hat er das nie gesagt. Sowieso hat Rainer nie wirklich gesagt, dass er mich liebt, vielmehr hat er irgendwann mal zu einem Studienfreund im Modellbaukurs gesagt, dass ich lediglich ein Provisorium sei. Das hat sich in der Uni herumgesprochen und so fühle ich mich noch heute. Zwanzig Jahre später. Wie ein Provisorium. Als müsste ich dankbar sein, dass ich hier neben ihm im Bett liegen darf. In diesem Schlafzimmer. In dem die Blättchen flirrende Schatten werfen. Als wäre es ein Versehen, dass ich hier liege. Als sollte ich eigentlich woanders liegen. Aber wo? Meine Kinder schlafen nebenan, meine beiden lieben Mädchen, sind sie auch nur ein Versehen?

Wir schlafen immer mit weit geöffneten Fenstern. Über die Pergola könnte jeder, der will, bei uns einsteigen. Könnte eins der Mädchen mitnehmen. Ganz unbemerkt, bis zum nächsten Morgen. Rainer hält mich für paranoid. Niemand bei uns darf Angst haben. Rainer hasst Angst. Dabei macht er uns allen ständig Angst.

Draußen rauscht die Baumkrone. Ich höre Rainer neben mir atmen. Tief und entspannt. Ich ziehe die weiße Decke um mich. Mein Kopf im Kissen. Ich gucke gegen unseren Kleiderschrank, hinter dessen Türen ordentlich und frisch die gestapelten Handtücher liegen. Ich sehe die feine Maserung. Keine Macke darf an diesen Schrank kommen. Als ich damals mit Lexchen schwanger war, kam Cotsch nachts leise zu uns herein. Stand da in ihrem Nachthemd in der offenen Tür. Wie ein kleiner, vom Mond angestrahlter Engel. »Mama«, hat sie gewispert. »Mama, darf ich zu euch kommen?« Rainer ist über mich drübergesprungen und hat meinem Töchterchen eine Backpfeife gegeben. Einem siebenjährigen Mädchen! Eine Backpfeife! Sie wollte sich nur zu mir legen, weil sie einen Albtraum gehabt hatte. Aber Rainer kann es nicht leiden, wenn er mich teilen muss. Nicht mal mit seinen eigenen Kindern will er mich teilen. Mich Provisorium. Die Morgensonne flirrt zu uns herein. Wie schön, wenn die Amseln zwitschern. Und ich halte es nicht aus, wenn Kinder aus ihrer Unschuld vertrieben werden.

»Wie wunder-wunderschön!«, ruft Lexchen plötzlich unten im Flur.

Sofort zischt Cotschs strenge Stimme: »Nicht so laut!«

Ich will mit ihnen spielen. Ich will genauso alt sein wie sie. Ich will eine starke Mutter, die mich beschützt, die mich hier rausholt, mich und meine kleinen süßen Schwestern, die uns befreit und sagt, dass alles nur ein böser Traum war. Was mache ich neben diesem erwachsenen Mann? Warum liege ich hier? Wieso bin ich diese Mutter? Wie ist das passiert? Rainer dreht sich langsam zu mir um. Ich fühle seine Hand, die sich langsam unter meine Decke schiebt, mich an seinen nackten Körper zieht.

Hab ich schon gesagt, dass meine Mutter manchmal heulend auf der kleinen Treppe im Flur sitzt? Wenn mein Arschloch-Vater wieder einen auf Vergewaltiger gemacht hat. Ich hasse es, wenn meine Mutter heulend auf der Treppe sitzt wie ein Opfer und ihre Knie in der Jeans umklammert, als könnte sie nichts gegen ihr Schicksal machen. Dabei ist sie schon Feministin und hat sich die ganze entsprechende Literatur reingetankt, um ideologisch voll auf der Höhe zu sein. Ich sage nur: Virginia Woolf, *Ein eigenes Zimmer.* Hat alles nichts genützt. Mama hat weder besagtes eigenes Zimmer, um ungestört geistig tätig zu sein, noch hat sie Geld, um sich wie Joschis Mutter selbst zu verwirklichen.

Dafür hat sich Mamas Bild, dass du als Frau die Arschkarte gezogen hast, alle Männer emotionslose Patriarchen sind und du immer die Unterdrückte sein wirst, in den letzten zehn Jahren kontinuierlich weiter manifestiert! Dank der oberschlauen Frauenliteratur, die allen hilfesuchenden Leserinnen das Hirn wäscht, bis komplett verwirrte Salatblätter dabei rauskommen. Niemals will ich so enden. Scheiß auf Virginia Woolf, die uns Frauen mit ihrem dualistischen Denken genauso in Gefangenschaft nimmt wie mein Vater! Niemals werde ich zum Opfer von einem Mann werden. Oder von feministischer Literatur. Von beiden werde ich mir niemals sagen lassen, wie ich als Frau zu leben habe.

Mama ist so was von hörig! So, als hätte mein Vater die Macht. Dauernd sagt sie solche Sätze wie: »Papa will ständig Sex von mir.« Ja und? Ich will auch einen Privatjet! Lexchen hockt dann neben ihr auf der Treppe und versteht gar nichts, guckt Mama nur mit großen Augen an und tätschelt ihr so ein bisschen die Schulter. Sie checkt überhaupt nicht, worum es hier geht. Besonders, wenn Mama mit Begriffen wie »Tantra« oder »Kamasutra« um sich wirft.

Ich stehe breitbeinig im Flur, wie in einem griechischen Atrium. Neuerdings in meinen Shorts, die ich mir an Mamas Nähmaschine genäht habe. Sehen heiß aus. Lexchen fummelt an der Blumenborte von ihrem Rock herum. Mama wischt mit ihrem Hemdärmel über die rot geweinten Augen, als wäre sie eine Sexsklavin in diesem Haus, als müsste sie machen, was Papa von ihr will. Hallo! Papa ist doch nicht Charles Manson! Er hat einfach keine gute Erziehung genossen, wenn man mich fragt: Er wurde von einem Eins-a-Patriarchen großgezogen, der schon in Dünkirchen an der Front war. Mehr steckt nicht dahinter. Eins ist so was von klar: Keine Frau muss sich solch ein Joch bieten lassen. Ich meine, wer zwingt sie dazu? Sie könnte mal ordentlich auf den Tisch hauen! Aber Mama sagt: »Ich liebe ihn doch!« Scheiß auf die Liebe! Bevor mich die Liebe zu etwas zwingt, was ich nicht will, werde ich zur Killerin. Schon mal was von der Gottesanbeterin gehört? Die macht es richtig. Verspeist das Männchen direkt nach dem Liebesakt. Bevor es emotional werden kann.

LEXCHEN

Beim Essen sitze ich neben Mama und Cotsch neben Papa, weil sie keine Angst vor ihm hat. Sie sitzt da wie ein Fels. Ihr Gesicht ist wie ein Fels. Meine Schwester. Unantastbar. Unzerstörbar. Mächtig und stolz. Mit ihren geflochtenen Zöpfen. Den roten Gummis im Haar und so einem neuen Strick-Top, in das sie solche hellblauen Wellen mit weißen Schaumkronen gestrickt hat. Heute Nacht hat Mama geträumt, dass eine schlimme Sintflut gekommen ist, als wir im Zoo waren. »Das eiskalte Wasser hat alles überschwemmt«, meint Mama und streicht mir übers Haar. »Plötzlich warst du weg. Gerade hatte ich dich noch an der Hand und auf einmal warst du weg. Die Wassermassen haben dich einfach weggerissen. Genau vor dem Eisbärengehege.«

Cotsch beißt von ihrem Marmeladenbrot ab und kaut. Mamas Stimme klingt brüchig. »Und auf einer Eisscholle lag nur noch dein einsames Schühchen und du warst weg.«

Ich trinke ein paar Schlucke von meinem Kakao: »Habt ihr mich wiedergefunden?«

Mama schüttelt den Kopf und in ihren Augen schimmern Tränen: »Nein. Du warst weg. Verschluckt von den Wassermassen.«

»Was ist das denn für ein beschissener Traum?« Cotsch starrt Mama wütend an. »Das wird nie passieren.« Jetzt starrt sie mich an. Mit ihren dunklen, undurchdringlichen Augen. Niemand wird meiner Schwester je durch die Augen ins Herz oder in die Seele sehen können. Niemand. »Hast du mich verstanden?!«

Ich nicke und stelle mir vor, wie mich die Eismassen verschlucken, ohne dass jemand nach meinem Arm greift und mich wieder ans Licht, an die Luft zerrt. Ich weiß, dass ich jetzt sterben werde. Jetzt. In diesem erdrückenden, wirbelnden Eiswasser. Dass ich allein im Tod versinken muss. Dass es ab jetzt für mich alleine weitergeht. Ohne Mama. Ohne Cotsch. Ohne Papa. Allein in meinem Körper. Ohne Schuh. Allein im ewigen Eis. Der ewigen Nacht. Weit weg von allen anderen. In der stillen Dunkelheit des Universums. Papa sagt gar nichts. Er wischt sich den Mund mit der Serviette ab und trinkt aus seiner Teeschale, als hätte er gar nichts mit uns zu tun, als wäre es im Traum nicht an ihm gewesen, mich zu retten.

COTSCH

Ich hasse es, wenn Mama – wie jetzt – mit einem blauen Auge im Wohnzimmer steht und fröhlich lächelnd sagt: »Kommt, wir machen es uns zu dritt gemütlich.« Obwohl Papa ihr gerade ein blaues Auge verpasst hat. Als hätten Lexchen und ich Bock, es uns bei einem Stück Apfelkuchen in einem Zuhause gemütlich zu machen, in dem unser Vater wieder einen seiner cholerischen Anfälle hatte und auf unsere Mutter eingedroschen hat. Zum Glück ist er mit dem Auto ins Büro abgehauen und Lexchen habe ich erst mal nach drüben zu Joschi verfrachtet, damit sie nicht so viele Fragen stellt. Mit ihrem beschissenen, milden Lächeln möchte Mama meine kleine Schwester und mich hinters Licht führen. Als sei alles in Ordnung. Als sei nichts passiert. Als sei alles nur unsere kindliche Einbildung. Reine Illusion. Als seien wir nicht ganz richtig im Kopf und würden nicht blicken, was hier läuft. Das ist strafbar, was Mama da macht. Das ist Vorspiegelung falscher Tatsachen. Damit wird sie es noch schaffen, Lexchen und mich verrückt zu machen, weil wir anfangen werden, unserer eigenen Wahrnehmung nicht mehr zu trauen. Lexchen ist dafür eine prädestinierte Kandidatin. Die wird auch als Opfer enden, wenn sie sich nicht langsam mal von Mama emanzipiert. Ich frage Mama: »Wieso lässt du dir diese Scheiße von Papa bieten?«

Sie lächelt nur ihr Madonnenlächeln, als sei sie Mutter Theresa höchstpersönlich, als sei es eine Leistung, sich blaue Augen verpassen zu lassen. Als stehe sie dadurch kurz vor der Heiligsprechung. Ich schätze, sie will, dass wir eine glückliche Kindheit haben. Dass wir später nur gute Erinnerungen haben. Sie denkt, wenn wir zu dritt den Sonntags-Apfelkuchen essen, bleibt uns nur noch in Erinnerung, dass es jeden Sonntag verlässlich Apfelkuchen gab. Aber ich weiß jetzt schon, woran ich mich erinnern werde: dass meine Mutter so getan hat, als sei alles bestens, dabei war alles verlogen.

JOSCHI

Ich weiß nicht, ob die Geschichte stimmt, die Lexchen mir in unserem Unterschlupf im Wald erzählt hat. Sie hockte vor mir im Laub, unter den Ästen und Zweigen, die wir um einen Baumstamm herumgestellt hatten, und meinte mit so einem unheimlichen Flüstern, dass eine fremde Frau sie fast entführt hätte und ihre Schwester sie gerettet hat. Warum haben ihre Eltern nicht die Polizei gerufen?

COTSCH

Ich glaube schon, dass man durch seine Eltern negativ fürs Leben geprägt werden kann. Gerade sitzt Mama zum Beispiel bei mir auf meinem Bett in meinem Zimmer. Draußen kratzen die Äste der Felsenbirne über die Fensterscheibe. Die Reflexion der Sonne leuchtet auf der gegenüberliegenden Backsteinwand. Aber das bekomme ich nur am Rand mit – wie ich vieles hier nur am Rand mitbekomme. Sehr bewusst bekomme ich hingegen Mama mit, die sich jetzt nicht mal mehr die Mühe macht, zu lächeln. Sie knetet ihre Hände und es ist kaum vorstellbar, dass sie erst Anfang vierzig ist. So fertig ist sie mit den Nerven. Seit ich sieben Jahre alt bin, hockt sie hier bei mir auf der Bettkante, um sich von mir fachmännisch beraten zu lassen. Als wäre ich ihre Psychiaterin. Sie macht die Tür zu, damit niemand was von unseren Mutter-Tochter-Gesprächen mitbekommt. Die sind topsecret. Alles, was hier im Haus geredet wird, ist topsecret. Damit Papa niemals erfährt, was Mama wirklich über ihn denkt. Dass er niemals drauf kommt, dass sie die Faxen dicke hat. Und vielleicht sieht es von außen tatsächlich so aus, als würde sich hier eine mitfühlende Mutter im Cowboy-Jim-aus-Texas-Kostüm um die Probleme ihrer pubertierenden Tochter kümmern. Aber eigentlich sitzt hier eine pubertierende Tochter und kümmert sich um die Probleme ihrer Mutter. Am liebsten würde ich sie schütteln: »Zieh dich mal an wie eine Frau!« Das würde garantiert ihr Selbstwertgefühl steigern. Von mir aus stricke ich ihr auch so ein hautenges Top, das ich neuerdings zu ihrem Entsetzen in Kombination mit meinen Shorts trage. Mama hat eine super Figur. Sieht nur keiner. In ihren Männerklamotten. Habe ich ihr schon tausend Mal gesagt. Aber das bringt gar nichts. Mama hat viel zu viel Angst davor, dass Papa dann wieder ausflippt. Soll er doch! Dann verlässt sie ihn eben. Mir ist das scheißegal. Sowieso plane ich eine Amokfahrt – in Richtung Ritas Haus. Ist es zu fassen?! Mama meint nämlich plötzlich mit so einem feierlichen Gesichtsausdruck: »Rita hat mich gefragt, ob du dich Johannes mal etwas annehmen kannst.«

»Bitte? Wie denn annehmen?«

»Na ja, also Rita überlegt, ob du nicht seine Freundin sein kannst?«

Ich mache den Mund auf, mein Gehirn explodiert. Seine Freundin? Hat Rita sich mal ihren Sohn angeguckt? Der sieht aus wie … wie … dafür gibt es gar kein Wort! Wie ein verrückter Professor! Das muss man sich verdienen, mit mir zusammen zu sein. »Was ist das denn für eine hinterweltlerische Herangehensweise? Ihr nennt euch Feministinnen? Ihr macht hier einen auf Prostitution!«

»Beruhig dich. Ich finde die Idee ja selbst seltsam«, behauptet Mama, aber ich sehe ihre flehenden Blicke. Für ihr eigenes Glück will sie mich verkaufen. An einen hässlichen Jungen, damit Rita endlich Achtung vor ihr hat und sie tröstet, wenn es mit Papa wieder heftig war.

Ich starre Mama an, so ungläubig, dass mir fast die Augen aus dem Kopf fallen. Nur mal zur Information: In meinem Jahrgang will jeder Junge mit mir schlafen. Jeder. Weil ich ungefähr das Schärfste bin, was dieser Planet momentan zu bieten hat, und diese Rita entblödet sich nicht anzufragen, ob ich die Freundin von ihrem freakigen Sohn sein kann? Hat er einen Riesenschwanz oder was ist sein Bonus? Ich kreische: »Ich fasse es nicht! Seit ich acht Jahre alt bin, wird mir feministische Literatur vorgelesen. Immer ging es darum, dass ich mich als Frau nicht unterwerfen soll, und dann kommst du mit so einer Anfrage?«

Ich muss aufpassen, dass ich meine Mutter nicht umbringe. Ich kann das ganze bekloppte *S. C. U. M.-Manifest* auswendig! Zitate gefällig? »Das männliche Geschlecht ist ein einziger biologischer Unfall. Mit anderen Worten: Der Mann befindet sich in einem unüberwindlichen Zwiespalt zwischen Mensch und Affe.« Als hätte ich nicht genügend eigene emotionale Probleme, die ich alle selbst lösen muss. Alle anderen Kinder in der Siedlung gehen zur Therapie. Nur ich nicht. Ich MUSS therapieren! Dabei wäre es gut, wenn Mama sich mal darum kümmern würde, dass ich seelisch stabilisiert werde. Beispiele für solche Versäumnisse bei jungen Menschen gibt es ja genug! Neulich erst hat sich Kai aus meiner Konfirmandengruppe mit einem Sprung vom Hochhausdach das Leben genommen! Der hatte die Nase voll vom weltlichen Schmerz. Damit Johannes nicht auf die gleiche schräge Idee kommt, kümmert Mama sich jetzt also um sein leibliches Wohl. Sie sagt: »Rita will doch nur, dass er auch mal Sex hat.«

Ich weiß nicht, was in den nächsten Sekunden passiert. Ich weiß es nicht. Aber hinterher ist mein Zimmer komplett zerstört und Mama ist weg. Ich stehe mit strähnigem Haar in meinem Zimmer und heule und kreische: »Wie kannst du diese Frage an mich weiterleiten? Du hättest Rita auf der Stelle dafür ermorden müssen! Hast du überhaupt kein Selbstwertgefühl mehr? Wann fängst du an, dich für dich und deine Töchter einzusetzen, anstatt zuzulassen, dass sie unsere Ballettanzüge verkauft?« Ich kreische es, und das ist der Moment, in dem ich mich doch noch unsterblich in den toten, unbeugsamen Jungen aus meinem Konfirmandenunterricht verliebe. Er hat einfach gesagt: »Ihr könnt mich alle mal!«

LEXCHEN

Manchmal schlafe ich bei Joschi. Wenn meine Schwester mich an der Hand durch die schattigen Gänge zu ihm rüberschleift und sagt, dass sie sich um Mama kümmern muss, weil Papa wieder die Nerven verloren hat. Joschis

Mutter holt dann immer die Matratze aus dem Keller hoch und legt sie neben Joschis Bett auf den Boden. In ihrem langen, gebatikten Kleid bezieht sie die Matratze mit frischer Bettwäsche und holt meine Zahnbürste aus dem Badezimmerschränkchen. Dabei redet sie die ganze Zeit davon, dass ich aussehe wie Sarah Kay, und bevor Joschi und ich uns zudecken, drückt sie mich fest an sich und streicht mit ihrer Hand über meinen Kopf und ich höre ihre vielen Armbänder klimpern. »Schlaf gut, du kleine Sarah Kay.« Sie hat sogar einen Armreif aus einer alten gebogenen Silbergabel, deren Zinken kunstvoll zu kleinen Kringeln geformt sind. Joschi steht in seinem Schlafanzug mit den aufgedruckten Oldtimern am Lichtschalter und fragt: »Fertig?«

Ich sitze auf der Matratze: »Yep.«

Er schaltet das Licht aus, springt in sein Bett und ich sehe das milchige Licht der Laterne durch die Jalousie sickern. Joschi hat einen Tick. Er rollt sich unter seiner Decke immer hin und her, weil er nur so einschlafen kann. Ich höre das gleichmäßige Rascheln. Ich ziehe die Beine eng zu mir heran. Ich lege meinen Kopf auf meinen Arm und sehe Joschis Bücherregal. Seinen grasgrünen Schulranzen, der am Schreibtisch lehnt. Ich habe große Angst zu sterben. Ich habe Angst, dass ich alleine zwischen den Planeten und Sternen kreise, dass ich alleine bin in der Dunkelheit. Ich habe Angst, dass mir etwas Schlimmes passieren wird. Vielleicht liegt es daran, dass die Kinder aus dem Chor manchmal diese schlimmen Geschichten erzählen, wenn wir alle zusammen den Mittelweg hinunter durch die Siedlung nach Hause gehen. Diese schlimmen Geschichten, die in der Zeitung stehen, die Joschis Papa beim Frühstück liest. Schlimme Dinge, vor denen mich niemand beschützen kann. Schlimme Dinge.

RITA

Ich muss es mal in aller Deutlichkeit sagen: Mich macht es rasend, dieser Constanze beim Singen zuzusehen. Mich macht es rasend. Trotzdem muss ich still sitzen und darf mir meine innere Raserei nicht anmerken lassen. Dabei könnte ich einen Anfall kriegen. Mit all unseren Nachbarn, Bekannten und Freunden sitze ich hier im abgedunkelten Gemeindesaal und wir sehen auf die Bühne, auf der diese Constanze steht, in ein weißes Laken gehüllt, das über der jugendlichen Schulter zusammengefasst ist. Wie die Callas. Wie die verdammte Scheiß-Callas als Tosca! Nicht, dass ich missverstanden werde! Ich bin ein Klassik-Fan. Ich bin die Mutter einer Geigerin, der kommenden Anne-Sophie Mutter, von einem Mädchen, das kleine Serenaden selbst komponiert. Aber leider auch Segelohren hat, die sie von Georg, meinem asthmatischen, linkischen Mann geerbt hat. Gleich daneben steht diese Constanze, ihr dunkles, dichtes, glänzendes Haar, wie ich es nie im Leben hatte, ich mit meinem Spaghettihaar, Klara mit ihrem Spaghettihaar, fahles Blond. Im Vergleich dazu diese Constanze mit ihrem wunderschönen, verführerischen dunklen Haar, wie eine griechische Göttin hat sie es sich frisiert. Wie eine Callas, die eine griechische Verführerin mimt. Dabei ist Tosca Italienerin! Stört Constanze gar nicht. Steht da in ihrem weißen Gewand, mit ihrer göttlichen Jungmädchenfigur, aber nichts an ihr ist jungmädchenhaft. In ihr lebt eine uralte Seele, könnte man sagen, wenn man sie jetzt da in der Mitte des Kinderchores stehen sieht, inmitten all unserer Kinder! Wie sie mit ihren feingliedrigen Fingern ihre schwarze Notenmappe hält, wie sie ihren Mund aufmacht, Luft in ihren Brustkorb holt und mit ihren dunklen Augen zu uns ins Publikum sieht. Jeden Einzelnen von uns mit einer Ruhe mustert und uns *Vissi d'arte* entgegenschmettert, als wäre sie die auferstandene Callas. Mit einer Sicherheit, einer Selbstverständlichkeit und heißer Frohlockung, anders kann ich es nicht beschreiben.

Georg sitzt neben mir und nestelt nervös an dem kopierten Programmblättchen herum. Er hat die Beine in seinem beigen Cordanzug übereinandergeschlagen und lächelt selig. Alle um uns herum haben ihre Hälse gereckt, um auch jede Regung von diesem Flittchen da oben mitzubekommen, das schon etwas mit dem Organisten hatte, etwas mit dem Jugendreferenten, etwas mit unserem Chorleiter. Nur mit Johannes will sie nichts haben.

Jetzt wandert Constanzes dunkler Blick zu mir und bleibt an mir hängen. Und die Töne strömen so selbstverständlich und kraftvoll und leidenschaftlich aus ihr heraus. Auf den Stühlen um sie herum sitzt der Kinderchor und wartet auf seinen Einsatz. Klara in ihrem dunkelblauen Faltenrock und dem dunkelblauen Blazer neben Lexchen, die an ihrer Haarspange herummacht und ihre Strümpfe hochzieht. Ihre kleinen blassen Kniechen. Sie grinst vor sich hin, guckt in der Gegend herum, als hätte sie vergessen, dass sie hier im

Gemeindesaal vor zweihundert Nachbarn sitzt, die sie sehen können. Jetzt winkt sie mir auch noch begeistert zu, als sich unsere Blicke treffen. Georg beugt sich zu mir herüber und flüstert: »Sie ist so niedlich.«

Hat er das ein einziges Mal über unsere Tochter gesagt? Hat das irgendjemand schon mal über unsere Tochter gesagt? Hat sich irgendjemand überhaupt jemals lobend über unsere Kinder, unsere Familie geäußert? Ich sehe, wie sich rechts vorne der Vorhang vor den Fenstern regt. Nah an der Bühne. Irgendwer steht dahinter, um unentdeckt zu bleiben. Ich behalte den Vorhang im Visier und natürlich ist es Ulla, die dicht bei ihren Kindern stehen will und weiß, dass sie alle verzaubern. Ulla ist es natürlich unangenehm. Weil sie kein Aufsehen will. Diese falsche Bescheidenheit! Das gesamte Bühnenbild hat sie mit ihrem architektonischen Geschick innerhalb von ein paar Tagen entworfen, gemalt und aufgebaut. Griechische Ruinen und Tempel, hinter denen leuchtend rot die Sonne untergeht. Sie braucht erst einmal nicht mehr bei mir aufzutauchen. Ich muss mich von diesem Abend erholen, der mit tosendem Applaus endet, mit unseren Nachbarn, Bekannten und Freunden, die von ihren Stühlen springen und dieser Constanze Beifall klatschen. Berauscht davon, dass wir so ein Mädchen in unserer hochverdichteten Siedlung wohnen haben. Sie lächelt milde, ihre Augen sind feucht. Jetzt weint sie auch noch vor Rührung am Rand der Bühne. Ihr Kinn zittert und sie weint im Scheinwerferlicht, als wäre sie wirklich die todgeweihte Tosca.

LEXCHEN

Joschi und ich waren heute wieder im Wald, in unserem Unterschlupf, den wir uns gebaut haben. Genau wie die Höhlenkinder. Wir sind durch die kleine Öffnung aus Zweigen und Ästen gekrabbelt und ich habe Joschi von der Frau erzählt, die mich früher mal klauen wollte, als ich mit Cotsch im Einkaufszentrum bei den Hochhäusern einkaufen war. Joschi und ich saßen dicht beieinander, es hat nach dem ganzen Laub gerochen und über Joschis Hand ist ein ganz kleiner schwarzer Käfer gekrabbelt. Nicht größer als ein Stecknadelkopf, und ich habe Joschi erzählt, was die Frau zu mir gesagt hat: »Komm mit, Kleine, mein Mann kauft dir gerade im Spielzeuggeschäft eine Babypuppe.« Sie hat an meinem Arm gezogen, aber Cotsch hat an meinem anderen Arm gezogen und gebrüllt, sie soll abhauen. Da hat die Frau sofort Angst gekriegt. Jedenfalls hat Cotsch mir das so erzählt. Ich kann mich gar nicht mehr daran erinnern! Weil ich da noch so klein war. Und draußen, rund um unseren Unterschlupf, hat das Laub geknistert, als würde da draußen jemand sein und uns belauschen, und ich habe ganz leise geflüstert: »Vielleicht wollten mich diese fremden Leute in ihren Kofferraum sperren und mich mit nach Hause nehmen, um mich zu quälen, um mich in einem geheimen Zimmer gefangen zu halten.« Wo ich alleine auf einer Matratze gesessen hätte. Wo ich still gegen die Wände gesehen hätte. Niemand hätte gewusst, wo ich bin. Joschi hat genickt und dann ist er rausgekrabbelt und hat gesagt, er baut uns ein paar Waffen.

ULLA

Lexchen sitzt auf meinem Schoß und weint. Ich streiche über ihr rotes, wildes Haar. Ich halte sie ganz fest und drücke sie an mich. Ich küsse ihre hohe, runde Stirn, ihre Sommersprossen. Mein Kind duftet nach Wäsche und nach Sand. Ich sehe durch die großen Fensterscheiben raus in unseren Garten, wo die Sonne über das Elefantengras, die Sträucher und Stauden flackert, und dahinter recken sich die roten Backsteinmauern, die unseren kleinen Garten wie eine Festung begrenzen. Ich ziehe die blassen Kinderbeinchen eng an mich. Was kann ich als Mutter mehr tun, als einfach nur mein unglückliches Kind zu halten? Ich verstehe diese Welt nicht. Ich verstehe den Neid, den Ärger und die Missgunst nicht. Ich verstehe die Menschen in ihrer Zerstörungswut nicht. Ich verstehe nicht, warum sie manipulieren, warum sie verletzen und warum sie nicht voller Liebe sind. Warum sie nicht fröhlich und frei sind wie mein kleines Lexchen. Die Welt versucht sie zu zerstören, ihre Unschuld ist in Gefahr. Wie kann ich mein kleines, liebes Kind schützen? Wie kann ich seine Unschuld schützen? Seinen Glauben an das Gute, das Schöne und das Fröhliche?

COTSCH

Ich komme rein, habe gerade gegen Verena Feldmann auf dem Tennisplatz gewonnen: knallweiße Tennisklamotten, keine Power! Wie kann man als Mädchen so weichgespült durch die Welt gehen? Hat die keine Ehre im Leib? Ich sehe Mama mit meiner kleinen Schwester auf dem Schoß auf dem Sofa hocken. Als wäre schon wieder das Mega-Unglück passiert. Wahrscheinlich hat sich Lexchen wieder irgendwo den Kopf gestoßen. Sie stößt sich ständig irgendwo den Kopf oder fällt irgendwo runter. Von der Schaukel, vom Klettergerüst, immer voll auf die Steine. Ständig hat sie eine fette Beule auf der Stirn. Einmal hatte sie sogar eine Platzwunde. Nicht weiter dramatisch. Aber als ich frage: »Ist sie wieder irgendwo runtergekracht?«, guckt Mama mich nur aus diesen Augen an, in denen sich das ganze Unglück der Welt widerspiegelt, als hätte man als weibliches Wesen nie eine Chance. Und in diesem Dunkel spiegle ich mich. Mama schüttelt den Kopf: »Nein. Unser Lexchen muss nur ein bisschen gekuschelt werden.«

»Was ist denn passiert?«

»Ach, Joschi hat gesagt, dass er jetzt nur noch Klaras Freund ist.«

»Was soll denn der Scheiß?«

»Rita hat Joschi und Klara Zwillingskleider besorgt, damit sie wie Zwillinge aussehen und …«

»Hä? Wie soll das denn gehen?«

»Rote Hosen mit dunkelblauen Steppwesten und roten Gürteln.«

»Und das lasst ihr euch bieten?« Wieso rennt Mama nicht rüber zu dieser Rita und sagt ihr, dass es reicht?

Ich spüre die Hitze, den Widerwillen in meinem gesamten Körper. Wie rote Lava. Bis in jede Zelle hinein. Glühend heiß. Rechts und links habe ich lange Johanna-von-Orléans-Schwerter in meinen Händen. Ich trage ihre Rüstung, die Rüstung einer Kriegerin, und ich werde mich furchtlos in die Schlacht werfen, wenn es so weit ist. Ich werde mich nicht wie Mama aus Angst ergeben. Nicht einen Schritt zurückweichen. Nichts hergeben, was meins ist. Niemals! Ich höre das trampelnde Wälzen der Heere, die auf meine Tore zustürmen. Ihr wildes Gebrüll. Der Boden bebt. Staub wirbelt auf. Ich strecke mich durch. Ich schleudere meine Schwerter über dem Kopf. Beiße die Zähne zusammen und ich habe keine Furcht. Ich werde sie vernichten. Die Heere der Angst.

LEXCHEN

Ich habe Mama lieb. Und Mama hat uns lieb, meine Schwester und mich. Darum näht sie für uns auch immer so hübsche Kleider. Mama kann das ziemlich gut, und wenn sie Lust hat, stickt sie noch was Schönes vorne drauf. Zum Beispiel auf meinen Rock. Da hatte Mama besonders viel Lust zum Sticken. Die ganze Borte ist voll mit weißen Sternchen und Blümchen. Wenn ich diesen Rock anhabe, sagen die Leute, dass sie mich am liebsten mitnehmen wollen.

RITA

Ich habe dieser Familie mehrere Chancen gegeben, sich einzufügen. Ich habe ihr Angebote gemacht, die sie nicht ergriffen hat. Ich stehe in unserem Wohnzimmer, barfuß, auf dem hellen Teppich, an unserem weißen Bücherregal, neben unserem ledernen Lounge-Sessel oder wie dieses verdammte Ding heißt, mit dem sich Georg als Design-Connaisseur hervortun will. Genau wie mit seinen beigen Cordanzügen, seinem Bart, dabei wirkt er wie ein Schwächling. Und ausgerechnet ich bin mit ihm verheiratet! Nicht, dass diese Gebrechlichkeit auf mich abfärbt. Ich gieße mir einen Cognac ein – und bevor ein falsches Bild entsteht: Ich bin keine Alkoholikerin. Ich trinke nur ab und zu einen kleinen Schluck, um mich zu beruhigen, um diesem Leben einen Sinn zu geben. Weil so ein Schluck für mich zum angenehmen Leben gehört und weil er mich auf gute Ideen bringt. Er erinnert mich an meine Entschlossenheit, die man hinter diesen Siedlungsmauern schnell mal vergessen kann. Klara kommt durch die Gartentür, die kleine Treppe herunter, auf ihren Schultern der rote Lederranzen, die Haare zu einem Kranz geflochten. Sie lächelt und kommt durch die Terrassentür.

Ich sage: »Du hast eine halbe Stunde, dann musst du rüber zur Geigenstunde. Leg dich noch ein bisschen hin und ruh dich aus.« Damit ich mich weiter ausruhen kann. Ich will jetzt keine Geschichten aus der Grundschule hören.

Klara lässt ihren Ranzen einfach auf den Boden fallen. »Ich habe aber Hunger.«

»In der Küche liegt ein Käsebrot. Setz dich damit an den Tisch und dann ruh dich aus.«

Klara geht hinter den weinroten Vorhang, der die Küche vom Wohnzimmer abtrennt, und taucht mit dem Käsebrot wieder auf. Damit setzt sie sich an den Tisch, auf den ich heute Morgen eine orangefarbene Folkloredecke gelegt habe. Klara isst und ich sage: »Schmatz nicht so.« Sie gibt sich Mühe, nicht zu schmatzen, schnell zu essen und dann rauf in ihr Zimmer zu verschwinden. Aus meinen Augen, weil sie natürlich spürt, dass ich ihren Anblick gerade ganz schwer ertrage, nach dieser Tosca-Arie. Klara hätte Tosca singen müssen. Sie trifft die Töne. Sie wünscht sich so sehr ein Solo, aber sie hat eben nicht diese madonnenhafte Ausstrahlung wie diese Constanze, die nicht die Freundin meines Sohnes sein will. Weil sie sich nicht auf das Spiel »Gehirn paart sich mit Schönheit« einlassen will, da sie selbst das Gehirn ist. Aber bei Johannes ist die übermäßige Intelligenz wenigstens bewiesen. Ulla weigert sich ja, mit ihrer Tochter zum Intelligenztest zu fahren. Sie sagt: »Intelligenz ist nicht messbar.« In unserer Welt schon.

Aber jetzt habe ich einen Plan. Einen perfiden Plan. Einen ekelhaften Plan. Leider kann ich nicht anders. Irgendwie muss ich mich und meine Familie schützen. Ich muss zusehen, dass meine Kinder nicht als Schwächlinge von der Gesellschaft ausgeschlossen werden. Ich muss Verbündete schaffen und diejenigen, die sich nicht verbünden wollen, schwächen.

Und was wäre einfacher, als damit bei der Gutgläubigsten anzufangen? Bei dem kleinen, fröhlichen Lexchen.

COTSCH

Kennt jemand das Buch *Bilder einer Kindheit* von Alice Miller? Mit Frauen brauchst du mir normalerweise nicht zu kommen, mit einer Ausnahme. Dieser Autorin hier. Sollte man gelesen haben, das Buch. Die Frau schildert, wie die Erziehung ihrer Mutter sie zum geistigen und emotionalen Krüppel gemacht hat. Sehr aufschlussreich. Und auch so wahr. Wer wenn nicht ich kann ein Lied davon singen. Wobei ich mir wünschte, dass meine Mutter etwas mehr von der Mutter von Alice Miller hätte. Dabei versucht meine Mutter alles, um nicht so zu sein wie die Mutter von Alice Miller – beziehungsweise wie ihre eigene Mutter, die ziemlich so war wie die von Alice Miller. Klar. Fokussiert. Ohne Gefühligkeit. Auf den Punkt.

Mama hält ihre Kuschel-Methode für modern oder zeitgemäß. Ich halte sie für schlicht krankmachend. Ich orientiere mich da lieber an meiner Großmutter. Wäre sie nicht so hart gewesen, hätten weder sie noch ihre vier Kinder den Krieg überlebt.

LEXCHEN

Nachmittags, wenn Joschi aus der Schule wieder zu Hause ist, renne ich meistens zu ihm rüber. Durch die Gänge, dicht an den Mauern entlang, von denen der Goldregen hängt.

Der ist giftig. Überall summt und duftet es. Ich renne quer über den sonnenbeschienenen, roten Backsteinplatz, unter den Bäumen mit den roten Vogelbeeren hindurch, über die kleinen Steinchen, dann wieder den nächsten schmalen, schattigen Gang hinunter, am Wacholder vorbei, bei dem ich immer denke, dass sich jemand darunter versteckt und mir auflauert, weil er weiß, dass ich hier jeden Tag entlangrase, in meinen braunen Sandalen und meinem Rock, den Mama bestickt hat. Ich biege um die Kurve, renne noch einmal richtig los, an Joschis Häuserreihe entlang. Der Nachmittag breitet sich vor mir aus, als könnte ich hineintauchen. Ich springe die Stufen zu seiner Haustür hinauf. Ich klingle. Ich sehe aufs Klingelschild. Schwarze Schrift auf weißem Untergrund. Ich warte. Mein Herz klopft. Ich keuche. Ich bin richtig schnell gelaufen. Ich sehe meine Hände, meine Sandalen, meinen Rock. Über mir flattert eine Amsel. Drüben, am Rand der Siedlung, rauschen die Bäume. Hinter den grünen Kronen ist der Himmel. Hier stehe ich auf den Stufen, in dieser Welt, auf diesem Fleck. Die Tür geht auf und Klara steht da. Mit ihren blonden Haaren, zwei roten Haarspangen, weißem T-Shirt, komischer Weste drüber, roter Hose und roten Sandalen.

»Du kannst nicht reinkommen.«

»Warum nicht?« Ich komme näher heran.

Klara schiebt die Tür beinahe ganz zu, sodass ich nur noch ihr Gesicht sehe. »Weil ich alleine mit Joschi spiele. Du störst.«

Ich kann gar nichts sagen. Ich gucke bloß in Klaras Gesicht. Dann geht die Tür wieder ein bisschen auf und Joschi taucht neben Klara auf. Mit seinem hellblonden Haar, weißem T-Shirt, komischer Weste drüber, roter Hose und blauen Sandalen. Er sagt: »Wir sind jetzt Zwillinge.«

»Wieso?« Die beiden sind wirklich genau gleich angezogen. Nur Klara in roten Sandalen und Joschi in blauen. Damit man sie auseinanderhalten kann. Hahaha! Die sehen sich doch gar nicht ähnlich! So was Bekloopptes.

»Weil wir ab heute Geschwister sind und nur noch zusammen spielen«, sagt Klara und macht die Tür zu.

Die Welt ist zu.

Aber über mir ist so viel Himmel.

JOHANNES

Die Kinder hier in der Siedlung werden mit klassischer Musik aufgezogen. Klavierstücke. Violinkonzerte. Ich spiele Cello. Keine Ahnung, wie das passieren konnte. Ich bin vollkommen unmusikalisch. Meine Stimme ist entsetzlich. Ich kann nicht mal im Takt klatschen. Liegt vermutlich an den Genen meines Vaters. Ich soll meinen Körper koordinieren lernen. Alles, was ich tue, besser gesagt: alles, wozu ich mehr oder weniger gezwungen werde, erfüllt einen ganz bestimmten Zweck. Spezielle Synapsen in meinem Gehirn sollen dringend miteinander verknüpft werden, damit aus mir ein welterschütterndes Genie wird, das bereits in mir schlummert und sehnsüchtig darauf wartet, endlich geweckt zu werden. Oder – jetzt lache ich mal laut – das in mir schlummern sollte, von dem meine Mutter aber befürchtet, dass es doch nicht in mir schlummert. Deshalb schraubt sie ohne Unterlass an mir herum. Als wäre sie Frankenstein höchstpersönlich, verlötet sie – metaphorisch gesprochen – Kabel in meinem Kopf miteinander, damit ich ihr ganz persönliches Monster werde. Was ich seit meiner frühesten Kindheit basteln und frickeln soll, damit ich feinmotorisch gut aufgestellt bin! Ich habe ein ganzes Soldatenheer weißer Playmobilmännchen mit Folienstiften angemalt, wer braucht die? Ich habe mit Fischertechnik die kompliziertesten Maschinen in meinem Zimmer gebaut. Zum Beispiel eine Pistenwalze. So ein Käse! Im Stillen. Alleine. Die Teile stehen alle hier herum. Mit klassischer Musik irgendwo im Hintergrund, mit dem Gefiedel meiner kleinen Schwester, die auch ein Genie werden soll. In dieser Siedlung sollen alle Kinder Genies werden, und wenn sie nicht das Zeug zum Genie haben, sollen sie wenigstens das entsprechende Publikum abgeben. Vielleicht bringe ich mich um. Warum nicht? Im Wald. Hänge ich mich an einen Baum. Irgendwer findet mich. Oh! Da hängt ja Johannes mit seinem Genie! Ja, wieso hat er das denn gleich mitaufgehängt? Hätte er das nicht seiner Mutter überlassen können?

Ich habe mir ein Radio gebastelt. Ging ziemlich einfach. Zum Glück habe ich ja die feingliedrigen Finger und diese tadellos verkabelten Synapsen in meinem Hirn und die Geduld, kleinste Schräubchen mit einem winzigen Schraubenzieher irgendwo hineinzudrehen. Will mal jemand einen Blick auf meinen großartigen Schreibtisch werfen, den mein Vater mir aus Multiplex-Platten selbst gebaut hat? Mit meiner Hilfe unten im Bastelkeller. Damit ich gleich auch noch das Möbelbauen lerne? Hier! Fächer für Schrauben. Fächer für meine Folienstifte. Fächer für meine kleinen Schraubenzieher, für Kabel. Für alles habe ich Fächer und eine ganz tolle Klemmlampe für tolles Licht, wenn ich sie mal kurz anschalten darf? Tadelloses Fricklerlicht. Hier also, an diesem geheiligten Schreibtisch mit Blick auf die rote Backsteinwand habe ich mir mein eigenes Radio gebaut, um nachts unter der Bettdecke meine Musik zu hören. Nicht diese klassische Soße. Sondern Zeug, das richtig abgeht. Und bevor ich mich umbringe, werde ich noch Sex haben. Mit Constanze, genannt Cotsch. Sie weiß noch nichts davon. Sie ist unsere Nachbarin, ein Jahr jünger als ich, sehr sportlich, sehr wild, jeder aus der Schule will mit ihr etwas haben, sogar meine Mutter will, dass ich etwas mit ihr habe. Was natürlich richtig krank ist. Aber darüber werde ich mich jetzt nicht auslassen, weil ich seit Jahren versuche, meine Mutter nicht mehr als Faktor in meinem Leben zu betrachten.

Heute Nachmittag werde ich Constanze diese Kassette überreichen, die ich hier gerade auf meinem Schreibtisch liegen habe. Mitgekriegt, wie die Schatten unseres Ginsters über das weiße Papier fliegen, in das ich die selbstaufgenommene Kassette eingepackt habe? Mit dem blauen Folienstift habe ich darauf geschrieben: *Alles – bis auf den Mond und Schwarz – ist relativ.* Ich bin gespannt, was Constanze für Augen machen wird. Damit wird sie nicht rechnen, dass sie von mir eine selbstaufgenommene Kassette bekommt. Ich hoffe, sie hat überhaupt einen Kassettenrekorder. Solche Geräte sind in der Siedlung eher selten. Wir sollen ja selbst Musik machen. Selbst Lesen. Gepflegte Unterhaltungen führen. Ich war noch nie in ihrem Zimmer.

Früher als Kinder haben wir viel zusammen gespielt, also – ab und an. Draußen auf den Gartenhöfen zwischen den Bungalows. Sie war immer schneller als ich. Und dann haben wir im Jugendorchester zusammen Cello gespielt – sie hat auch mal kurz Cello gespielt. Bis sie zu Querflöte übergewechselt ist. Ich habe gehört, dass sie neulich ihre Flöte vor Wut gegen ihren Türrahmen geschlagen hat, weil sie das Händelstück nicht fehlerfrei spielen konnte. Ich kichere. Ich bin so verzückt davon, wie ein Mensch so wütend werden kann. Ich finde es so unglaublich süß. Erst kürzlich hatte sie ein Gipsbein, weil sie vor Wut gegen die Flurwand getreten haben soll. Constanze hat ständig irgendwelche Gliedmaßen eingegipst, weil sie ständig irgendwo gegentritt oder -haut. Ich liebe dieses Mädchen. Es ist verrückt. Oder die einzig Normale. Es kommt ganz auf den Blickwinkel an. Ganz ehrlich: Ich finde es seltsam, dass meine Mutter hofft, dass ich etwas mit Constanze anfange. Weil Constanze wirklich komplett unberechenbar ist. Aber da sie so wunderschön und berauschend ist und ich genau das Gegenteil davon, denkt meine Mutter vermutlich schon an die gelungenen Kinder, die da herauskommen könnten. Im Übrigen gilt Constanze auch als superintelligent, ihre Eltern haben sie nur noch nicht zum Intelligenztest gefahren. Wir hätten sie im Auto mitnehmen können, als meine Eltern mich dahin gebracht haben! Es hätte Constanze so glücklich gemacht! Und es wäre ein toller Ausflug gewesen. Wir zwei, hinten im Auto von meinem Vater, auf dem Weg zum Intelligenztest. Wow! Huh! Yeah! Gerade liebe ich das verrückte Leben. Mit großen Augen hätten wir da sitzen können wie zwei Versuchskaninchen. Ich liebe es so sehr, dieses irdische Dasein, wo jetzt auch noch die Sonne volle Breitseite zu mir ins Zimmer strahlt, sodass die kleinen Schraubenzieher mit den roten Plastikgriffen erstrahlen, als wären sie aus einzigartigem roten Kryptonit. Und was das bewirkt, sobald Superman damit in Berührung kommt, weiß hoffentlich jeder: Es nimmt ihm jegliche Hemmungen, löst impulsive Handlungen bei ihm aus. Inklusive Halluzinationen und Realitätsverlust.

JOSCHI

Als Lexchen neulich bei mir übernachtet hat, hat sie gesagt, ihr Vater hat Pornohefte. Und ich soll es niemandem weitersagen.

COTSCH

Meine Güte! Dieses Rumgequatsche in der Siedlung nervt mich am meisten. Dieses dämliche Rumgesabbel von Leuten, die keine Ahnung haben!

JOSCHI

Mit Constanze will ich nie wieder in einem Raum sein. Nie wieder. Sie bringt mich jedes Mal zum Weinen. Das letzte Mal beim Chor hat sie vor allen anderen Kindern gesagt, ich bin ein Weichei und lasse mich von Billerbecks instrumentalisieren. Und ob ich keinen eigenen Willen hätte?!

COTSCH

Kann ich doch nichts dafür, dass Joschi eine Heulsuse ist. Das Leben wird ihm schon zeigen, dass es besser ist, nicht so empfindlich zu sein. Meiner Erfahrung nach tritt es dir ununterbrochen in den Arsch. Besonders, wenn du eine Frau bist und es nicht draufhast, härter zu sein als alle anderen. Diese ganzen Egoisten verarschen dich. Alle. Von vorne bis hinten. Davon kannst du einfach mal ausgehen. Wovon – verdammte Scheiße – lebt die Literatur? Die Oper? Von Verarsche! Von Leuten, die meinen, sie könnten sich einfach alles nehmen. Indem sie Liebe vortäuschen.

Wie entsteht Drama? Durch Gutgläubigkeit in Kombination mit Verarsche! Guck dir Tosca an. Kleine Inhaltsangabe gefällig? Oder Madame Butterfly! Verarsche! Gutgläubigkeit gemixt mit Verarsche. Schon mal aufgefallen, dass Puccini eigentlich nur Opern im Angebot hat, in denen Frauen verarscht werden? Und natürlich Lebenshunger. Zuerst kommt der Lebenshunger. Du willst raus in die Welt, dich allem öffnen, du willst alles aufnehmen, du breitest die Arme aus und glaubst an das Gute in jedem, du machst dich bereit, Liebe zu empfangen, und zack – kommt der Arschtritt. Du musst dir nur meine Mutter angucken. Gutgläubig bis zum Anschlag. Erzählt ununterbrochen, dass sie Papa liebt, und kriegt ein blaues Auge gehauen. Rennt immer wieder rüber zu Rita und holt sich automatisch den nächsten Arschtritt ab. Das werde ich in meinem Leben ganz anders machen. Ganz anders. Weil ich nicht wie Tosca oder die bekloppte Madame Butterfly oder meine Mutter enden werde.

Und fürs Protokoll: Jeder ist für sich selbst verantwortlich! Da halte ich es lieber wie Elizabeth Taylor in *Der Widerspenstigen Zähmung*! Haben wir neulich Samstagabend drüben bei Joschi geguckt, weil die so ungefähr die Einzigen in der Siedlung sind, die einen ordentlichen Fernseher haben. Elizabeth Taylor ist mein Vorbild. Die lässt sich nichts bieten. Schlägt sogar mit eisernen Kreuzen um sich, wenn man sie einengen will. So ist die Sachlage. Verteidige deine Freiheit! Sonst ist sie weg! Das ist natürlich die eigentliche Kernaussage des Stückes. Und nicht, wie einige Schwachköpfe vermuten, dass du dich als Frau unterwerfen sollst, wenn du eine glückliche Ehe führen willst. Das war ein Witz! Eine Groteske! Shakespeare war schon seinerzeit für totale Gleichberechtigung. Warum sonst haben Männer in seinen Stücken die Frauenrollen übernommen? Für mich eine ganz klare Botschaft. Aber die Welt ist eben auch fünfhundert Jahre später noch nicht so weit, diese radikale Bedeutung zu dechiffrieren.

JOSCHI

Lexchen kam ins Wohnzimmer, als ihre Mutter gerade das gesamte Bücherregal ausgeräumt und entstaubt hat. Und die haben richtig viele Bücher. Ich schätze, so an die zweitausend. Constanze saß mit dem Pornoheft von ihrem Vater auf dem Ledersessel und hat es sich angeguckt. Als Lexchen sich dazusetzen wollte, hat ihre Mutter Constanze das Heft aus der Hand gerissen und es oben im Schlafzimmer versteckt.

COTSCH

So ein Bullshit! Das war kein Pornoheft. Es sollten grundsätzlich nur Leute mitreden, die auch Ahnung haben. Und Joschi hat definitiv keine Ahnung. Dem kannst du erzählen, was du willst. Der glaubt einfach alles. Weil der null Fantasie hat. Darum stellt er auch nichts infrage. Ganz gefährlich, solche Typen. Die nehmen alles für bare Münze. Die kannst du ganz wunderbar manipulieren und für deine Zwecke einsetzen. Sieht man ja, wie die hinterhältige Rita das macht. Näht Zwillingskleider und schon denkt Joschi, er sei Klaras Zwilling. Ich will nicht politisch werden, aber Joschi ist nicht der Einzige, der glaubt, was man ihm sagt. Das fängt bei Mama und ihrer Frauenliteratur an und hört bei ganz heftigen Regimen und Organisationen auf.

LEXCHEN

Ich wollte wissen, was das für ein Buch ist, das sich Cotsch da angeguckt hat. Mama war richtig aufgeregt, als sie gemerkt hat, was wir da lesen. Sie hat es Cotsch sofort aus der Hand gerissen und ist damit aus dem Wohnzimmer gerannt. Aber ich weiß, dass sie es oben unter ihrem Bett versteckt hat. Ich bin ja nicht blöd.

COTSCH

Als hätte die Welt nicht andere Sorgen. Schon mal was vom sauren Regen gehört? Atombomben? Kalter Krieg? Scheiße! Das war ein stinknormaler Fotoband von Helmut Newton, einem der größten Fotografen unserer Zeit! Mama hatte ihn gerade zum Entstauben aus dem Bücherregal geholt. Na gut, ein paar nackte Frauen waren drin, die mit laszivem Blick auf irgendwelchen Kanapees herumliegen. Aber irgendwie muss ich mir ja ein neues Frauenbild zurechtbasteln, wenn ich nicht als Alice Schwarzer, Virginia Woolf, Camille Claudel, Tosca oder Mama enden will.

Ganz schlimm hat es auch Simone de Beauvoir erwischt – diese Feministin. Kluge Frau. Philosophin. Was heißt »klug« – gebildet! Sie war gebildet, aber menschlich strunzendumm, wenn mal jemand meine Meinung dazu hören will. Was die sich von diesem mickrigen Sartre hat bieten lassen! Wie kann man sich einem Mann so unterwerfen. Außer, man ist meine Mutter? Moment, es klingelt.

JOHANNES

Ich habe gerade auf die Klingel gedrückt. Jetzt stehe ich hier vor dieser weißen Tür. Ich schätze, ich habe noch nie auf diese Klingel gedrückt. Ich war zwar schon öfter da drinnen im Haus, bin aber bisher immer nur mit meinen Eltern mitgegangen, wenn es hier am Sonntag eine kleine Matinee gab, mit Wein und ein paar Quiche Lorraines à la Wolfram Siebeck. Nach dessen Rezepten wird hier neuerdings das komplette Essen zubereitet. Hier trinken ja auch alle sehr viel Alkohol. Um sich zu betäuben. Rauchen diese indischen Bidis, gedrehte Tabakblätter. Wie Intellektuelle eben, die keine Power haben, sich umzubringen. Ich höre drinnen Schritte. Die Tür wird mit Schwung aufgerissen. Constanze, meine Schönheit, steht vor mir. Wie immer wutentbrannt. In kurzen Hosen und einmalig schön. Ein paar Sommersprossen auf der gebräunten Haut. Sie hat so ein gestricktes Top an. Hauteng. Wie ein Schlauch.

»Was willst du denn hier?« Sie starrt mich mit ihren schwarzen Augen an und ich sehe gleichzeitig ihre Verzückung, weil sie Überraschungen liebt. Und mit mir hat sie eben zuallerletzt gerechnet. »Willst du jetzt mit mir bumsen?« Sie ist so direkt! So mutig.

»Nein, heiraten!«, sage ich impulsiv. Weil ich eben mit

rotem Kryptonit in Berührung gekommen bin. Der Wunsch kommt aus der Tiefe meines Herzens. Und sie lächelt mich an. Sie ist verzaubert. Was einigermaßen rätselhaft ist, weil ich aussehe wie der junge Stephen Hawking. Und das ist nicht kokett gemeint. Ihre Augen glitzern feucht. Sie ist hochemotional. Ich strecke meine Hand aus und gebe ihr meine selbstaufgenommene Kassette. »Hier, die wollte ich dir geben.«

Sie greift nach der eingewickelten Kassette, über die gerade noch in meinem Zimmer das flackernde Sonnenspiel des Ginsters gehuscht ist. »Danke.«

Sie lächelt mich immer noch an und ich weiß, dass dieses Lächeln nur ihren Opfern vorbehalten ist, ihren Opfern, die sie wie eine Spinne in ihr Netz lockt, um sie dann nach Strich und Faden zu zerlegen, bis nichts mehr von ihnen übrig ist als der ausgelutschte Keratin-Panzer. Sie ist eine Gottesanbeterin, eine, die ihre Männchen nach der Begattung killt. Aber mich wird sie nicht killen, weil ich mich selbst kille.

Ich nicke: »Lass mich wissen, wie dir der Mix gefällt.« Ich drehe mich um und gehe. Dafür bin ich geboren worden. Für diesen Tag. Für diese Sonne. Diese Backsteine unter meinen Füßen. Für diesen Nachmittag, dieses Lächeln. Die Gewissheit, dass mir nichts passieren wird.

Was war das denn bitte? Ich knalle die Haustür zu und hinter mir steht schon Lexchen mit ihren roten Zuckerwattehaaren, wie ein kleiner Kobold. Sie fragt mit dieser Winzlingstimme: »Wer war das?«

Ich quetsche mich an ihr vorbei in mein Zimmer und hocke mich aufs Bett. »Johannes.«

Lexchen setzt sich neben mich. »Was wollte er?«

Ihr Gesicht mit den Hundertmillionen Sommersprossen strahlt. Es strahlt immer. Warum ist eigentlich an ihr alles so winzig? Kann es sein, dass sie nicht wächst? Weswegen sind ihre Fingerchen noch immer die einer Fünfjährigen? Ihr Gesicht. Mir blickt die totale Unschuld entgegen und ihre grünen Augen blinzeln. Ich könnte Lexchen immer küssen. Ich ziehe sie fest an mich und küsse ihr rotes Haar. Ich drücke ihren kleinen Körper an mich und alles an meiner kleinen Schwester ist so süß. Alle machen mich wütend. Alle könnte ich anschreien, an die Wand klatschen, aber nicht dieses kleine Wesen. Für sie würde ich mich opfern. Für sie würde ich mich vierteilen lassen. Ich streiche ihr über das Haar und zeige ihr das eingepackte Paket von Johannes. »Das hat er mir gegeben.«

Meine kleine Schwester und ich beugen uns über das Paket. *Alles – bis auf den Mond und Schwarz – ist relativ,* steht darauf. Sehr tiefgründig! Ich reiße das weiße Papier auf. Darin ist eine Kassette, auf deren Hülle Johannes noch etwas mit blauem Folienstift geschrieben hat. Ich drehe die Hülle so, dass ich es lesen kann. *Misplaced Childhood.*

»Was steht da?« Lexchen rutscht noch näher an mich heran.

»Verkorkste Kindheit«, würde ich sagen. Lexchen grinst. Ich grinse. »Ich schätze, Johannes hat mir gerade eine Nachricht überbracht.«

JOHANNES

Ich war übrigens auch anwesend, als Constanze die Arie der Tosca in unserem Gemeindehaus gesungen hat. Ich saß schräg hinter ihr, als Teil des Kinderchores, und habe gesehen, wie das weiße Laken, das sie sich als Tunika umgebunden hatte, vor Anspannung zitterte. Ich saß da und sah, wie ihr der Schweiß von den Händen tropfte, ihren schlanken Nacken mit der griechischen Frisur. Ihre Verletzlichkeit. Ihre Angst, in dieser Welt unterzugehen. Wie Tosca. Sieht das denn niemand? Sieht das wirklich niemand? Obwohl meine Mutter sie aus dem Publikum mit offenem Mund anstarrte und nicht fassen konnte, wie die Töne aus diesem leuchtenden Geschöpf herausströmten. Aus dem phosphoreszierenden Mädchen mit den dunklen Haaren, ihrer drahtigen Figur, ihren langen, muskulösen Beinen. Vom Leichtathletiktraining. Niemand kann weiter springen, werfen, schneller sprinten als dieses olympische Geschöpf. Dieses Geschöpf, das Angst hatte, einen einzigen Ton nicht zu treffen, dass ihm die Stimme wegrutscht, dass es versagt und die Kulisse zusammentritt. Wie Boris Becker neulich in Wimbledon körperlich total emotional wurde – vor lauter Triumph. Nicht auszudenken, was passiert wäre, wenn er verloren hätte! Der hätte garantiert seinen Schläger zertrümmert. Ich weiß aber etwas, was nicht einmal Constanze weiß: Sie wird nicht untergehen. Sie wird als Göttin über die Erde wandeln.

LEXCHEN

Ich habe die beste Schwester der Welt. Ich weiß, dass sie mich immer retten würde. Sie würde …

COTSCH

Hat schon mal jemand was von den Amazonen gehört? Zeit wird's! In den griechischen Mythen zogen diese Frauen wie die Männer in den Kampf. Dabei trugen sie nur ein kurzes Kleid und eine entblößte Brust. Sie hatten eine Doppelaxt und traten selbstbewusst für ihre Angelegenheiten ein. *Shit happens!*, kann ich da nur sagen. Wehe, du kriegst es mit einer Amazone zu tun. Die macht dich so was von platt. Und – *by the way* – Alexis Colby, die Tante vom *Denver Clan*, ist für mich die moderne Interpretation einer Amazone.

ULLA

Ich weiß nicht, was mit meinem kleinen Lexchen ist. Ich jäte im Garten das Unkraut, der wolkenlose Himmel spannt sich über uns, vom Kloster schallen die Glocken zu uns herüber, es ist früher Nachmittag, eigentlich viel zu heiß, viel zu sonnig für mein hellhäutiges Lexchen. Sie steht an der Pumpe und pumpt das Wasser. Mit ihren bleichen Ärmchen pumpt sie unermüdlich das Wasser, drückt immer wieder den Pumpenhebel herunter, sodass das Brunnenwasser aus dem Hahn rauscht und spritzt und platschend in dem blauen Kanister landet, den Rainer und ich damals in die Erde eingegraben haben. Sie steht da und pumpt und freut sich an dem spritzenden Wasser. Ich weiß nicht, was mit meinem kleinen Lexchen ist. Warum sie nicht größer wird. Warum sie nicht wächst. Sie ist wie eine Fünfjährige. Auch im Geist. Alles an ihr ist fünfjährig. Fröhlich. Leuchtend. Fünfjährig. Und das Erschreckende ist: Ich habe nichts dagegen. Für mich könnte sie immer fünf Jahre alt bleiben. »Ich wünschte, du würdest für immer so klein und niedlich bleiben«, habe ich einmal zu ihr gesagt. Mein kleines Mädchen. Warum kann die Welt nicht so sein wie Lexchen? Arglos, ohne Hintergedanken? Ohne jedes Geltungsbedürfnis? Mitfühlend. Sodass jeder sein darf, wie er ist.

LEXCHEN

Ich beobachte, wie Rita in unseren Schrebergarten kommt und den schmalen Trampelpfad zwischen den Erdbeerbeeten entlanggeht. In ihrem dunkelblauen Hosenrock und ihrer Blümchenbluse. Ihr Gesicht ist ernst. Ihr Gesicht ist immer ernst. So, als hätte ihr jemand etwas getan. Ich winke ihr zu und pumpe das Wasser aus der Pumpe, dass es gegen meine Beine spritzt, und ich sehe, wie es schäumend in den blauen Kanister rauscht, und unter Wasser kleben Schnecken und Algen an den Wänden, und wenn ich jetzt hineinfalle, dann ertrinke ich vielleicht, weil der Kanister so tief ist. Ich könnte ganz darin verschwinden und niemand würde mich finden; da unten ist es so dunkel. Wie beim *kleinen Wassermann* zu Hause, auf dem Grund des Mühlenweihers. Aber ich winke und Rita winkt nicht zurück. Ihr Blick streift mich nur ganz kurz und dann geht sie an mir vorbei, weiter zu Mama, die sich jetzt zwischen den Rhabarberblättern aufrichtet und auch lächelt, weil meine Mama immer lächelt. Außer, wenn ihr schlimme Nachrichten übermittelt werden.

Rita bleibt vor ihr stehen, sie hält sich eine Hand als Schirm über die Augen, weil hier im Schrebergarten gar kein Schatten ist. Ich mache es genauso und sehe, wie Mama das Lächeln aus dem Gesicht gleitet. Wie ein Schatten rutscht es über ihr T-Shirt und verschwindet zwischen den großen Rhabarberblättern. Ich blinzle und höre auf zu pumpen. Mit einem Mal ist es ganz still. Mama starrt Rita an und ich kann Ritas Gesicht nicht erkennen, weil sie mit dem Rücken zu mir steht. Erst als sie sich umdreht, sehe ich, dass sie zum ersten Mal, seitdem ich sie kenne, lächelt. Sie hat meiner Mama das Lächeln geklaut. Lächelnd geht sie an mir vorbei, das hohe Gras streift ihren Rock. Ich sehe ihre Füße in den roten Clogs. Ich sehe die trockene Erde. Ich sehe den Waldrand. Dahinter die Hochhäuser. Ich höre die Kirchenglocken. Die Bienen summen. Meine Mama kniet im Rhabarber.

COTSCH

Diese Arschlöcher. Mama hätte es mir lieber nicht erzählen sollen. Warum haut sie dieser Frau nicht endlich eine rein? Warum bleibt das alles an mir hängen? Johannes hat so recht: *Misplaced Childhood*. Verkackte, verkorkste Kindheit. Ich klaue jetzt dieser Rita-fickt-meiner-Mutter-das-Gehirn das neue Fahrrad aus dem Schuppen und schmeiße es von der Brücke in den Fluss. Selbst schuld, wenn sie ihre Gartentür nicht mit Stacheldraht sichert, sodass ich da ganz leicht drüberklettern kann. Fuß auf den Knauf, Bein über die Tür, auf der anderen Seite runterspringen, Klinke runterdrücken, Tür ist auf. In den Schuppen rein, Fahrrad rausholen – das ist eben das Problem mit Leuten, die ihren Tag so perfekt in kleinen Zeitfenstern takten, dass jeder in der Siedlung bestens Bescheid weiß, wann hier was im Hause Billerbeck läuft. Um diese Uhrzeit machen Klara und ihre Mama Mittagsschlaf, der Papa ist bei der Arbeit und Johannes, ja, wo ist der eigentlich?

»Und, wie gefällt die Kassette?«

Er steht hinter mir, im schattigen, kühlen Schuppen, zwischen einem Spaten und einem Eimer. Mit seiner Stephen-Hawking-Brille – überhaupt sieht er wirklich aus wie Stephen Hawking, bloß ohne Rollstuhl. Echt. Absolut genauso!

»Scheiße, hast du mich erschreckt!«

Er grinst. Ist das zu fassen? Er grinst einfach. Supercool. Supersexy. So, als sähe er nicht aus wie Stephen Hawking in seinem grauenhaft beigefarbenen Polohemd und der senfgelben Hose. Als würde er nicht an seinem erbärmlichen Aussehen verzweifeln. Ich stehe zwischen diesen ganzen Hollandrädern der Familie Billerbeck, auf die sie total stolz sind, und weiß zum ersten Mal in meinem Leben nicht, was ich sagen soll. Dieser Johannes flasht mich total. Ich mache einen Schritt auf ihn zu, ich zwänge mich zwischen den Lenkern hindurch. Ich stehe vor Johannes und flüstere heiser: »Perfekte Kassette.«

Er grinst und es stört überhaupt nicht, dass er in seinem abartigen Poloshirt so Stephen-Hawking-mäßig ist. Alles an ihm ist so dünn und zerbrechlich. Er hebt seine Hand und streicht über meine Wange. Ich komme noch dichter und sehe in sein Gesicht. Auf seine Lippen. Auf seine eigentlich sehr ausdrucksstarken Stephen-Hawking-Lippen. Er flüstert: »Das freut mich wirklich.«

Er beugt sich zu mir herunter und küsst mich auf die Wange. Nur ganz flüchtig. Aber es reicht, dass ich mich schleunigst an ihm vorbeiquetsche, raus in den Garten, die Gartentür aufreiße und dann den schattigen Backsteingang zwischen den Backsteinmauern hinuntersprinte. Ich höre Johannes rufen: »Hey!«

Ich rase um die Ecke, quer über den Gartenhof, in dessen Mitte ein Beet voller Lavendel blüht. Immer weiter, den nächsten roten Gang hinunter, über den Mittelweg, an unserer Häuserreihe entlang. Hab ich es schon gesagt? Ich bin die Schnellste in unserer Leichtathletik-Gruppe. Ich schließe unsere Haustür auf, knalle sie ins Schloss und im Flur ist es ganz still. Ich höre nur meinen begeisterten Atem und entscheide, dass ich die Sache dieses Mal ganz langsam angehen werde. Ganz langsam. So, wie Mama immer sagt: »Ihr müsst doch nicht immer gleich Sex haben. Es reicht doch, wenn ihr euch nett unterhaltet.« Womit sie Lexchen und mich meint. Mama ist gegen Heiraten und gegen Sex. Sie meint, nur ohne das kann man als Frau frei und selbstbestimmt sein. Aber ist man dann auch noch ein Mensch? Ich werde es ausprobieren.

JOHANNES

Mit dem Cello zwischen meinen Knien sitze ich auf der Stuhlkante und ziehe meinen Bogen über die Saiten. Voller Konzentration, weil es für mich plötzlich nicht mehr egal ist, dass Constanze schon mal etwas mit meinem Cello-Lehrer Falk hatte. Er ist nur fünf Jahre älter als ich und gibt in seinem guten alten Kinderzimmer Cello-Unterricht, weil er nicht mal mehr Cello studieren muss. Der kann jede verdammte Cello-Suite spielen, die jemals auf diesem wunderbaren Erdball komponiert wurde. Trotzdem wollte Herbert von Karajan ihn nicht bei den Berliner Philharmonikern dabeihaben. Ist das zu fassen? Alle Anstrengung für nichts. Ich meine, was der Typ mit seinen Fingern anstellen kann, darf ich mir hier gerade leibhaftig vorführen lassen. Seine Finger mit den herrlich gepflegten Nägeln tanzen über die Saiten und vollführen akrobatische Höchstleistungen, während er sein schulterlanges Haar schüttelt. Mit dem Bogen schrubbt er über die Saiten, als würde er Rachmaninow jetzt mal rockig interpretieren wollen. Kein Wunder, dass Constanze ihm verfallen ist. Aber, wie Falk mir kurz nach der Liaison im Unterricht heimlich anvertraut hat, war sie nichts für ihn. »Zu durchgeknallt!«

Keine Ahnung, warum er mir das erzählt hat. Ich meine, ich bin fünf Jahre jünger als er. Ich bin sein Schüler. Sein Schutzbefohlener, wenn man so will. Wir sitzen auf zwei Stühlen in seinem Kinderzimmer, hinter uns sein frisch gemachtes Bett, in dem er es also offensichtlich mit Constanze getrieben hat. Wo er seine Finger so richtig zum Einsatz gebracht hat. Damals, vor ein paar Wochen, war er im Unterricht so durch den Wind, dass er mir das ganze Trara bereits nach den ersten fünf Minuten gesteckt hat. Er hat mich aus seinen großen hellblauen Augen angesehen, hat sein Angeberhaar aus der Stirn gestrichen und sich insgesamt ziemlich nachdenklich gegeben. Ich wusste zuerst gar nicht, was los war. Dann hat er seinen Bogen hängen lassen und gemeint: »Vermutlich hat es sich schon zu dir rumgesprochen.«

Ich habe meinen Bogen auch hängen lassen. »Nee. Was denn?«

»Die Sache mit Constanze und mir.«

Über meinem Kopf leuchtete ein riesiges Fragezeichen.

Und Falk hat nur geseufzt. »Ich hatte was mit ihr.« Und dann hat er diese Kopfbewegung gemacht. »Hinter mir, in diesem Bett.«

Ich habe auf sein gemachtes Bett mit der braun-weiß gestreiften Überdecke geguckt. »Okay?«

»Leider kann ich nicht mit ihr zusammen sein. Was ziemlich hart ist, weil wir uns sehr lieben. Aber ich muss mich auf die Musik konzentrieren. Ich darf mich nicht ablenken lassen, verstehst du?«

Ich habe genickt. »Alles klar.«

Er hat noch so dramatisch rumgenickt und dann wieder seinen Bogen geschwungen. »Ich schätze, sie wird auf mich warten, bis ich karrieretechnisch fest im Sattel sitze.«

Wie auch immer das aussehen soll. Bis es so weit ist, wird Constanze noch ziemlich lange warten müssen, weil – momentan sitzen Falk und ich immer noch in seinem Zimmer. Gerade scheint niemand Bedarf an seinem Genie zu haben, außerdem trinkt er meiner Einschätzung nach etwas zu viel Bier. Ich gucke wieder auf sein Bett mit der braun-weiß gestreiften Überdecke und sehe Constanze nackt vor mir, wie sie auf Falk sitzt und es sich von ihm besorgen lässt. Ich höre ihr Seufzen und plötzlich guckt sie zu mir rüber und lächelt ihr Gottesanbeterinnen-Lächeln, über das sie jetzt ihre dunklen Locken gleiten lässt. Sie hat das Spiel von Verführung, Eroberung und Vernichtung ziemlich gut drauf und dieser Falk scheint so richtig in den Genuss gekommen zu sein, denn ganz plötzlich lässt er wieder seinen Bogen hängen und klemmt sich seine langen Haare hinters Ohr: »Es tut immer noch scheiße weh.«

Obwohl ich weiß, was er meint, frage ich: »Was denn?«

»Die Sache mit Constanze. Ich muss hart bleiben. Aber ich weiß, dass sie auf mich wartet. Darum sehen wir uns auch besser nicht. Weil es zu sehr schmerzt.«

ULLA

Rita hatte vor meinem kleinen Lexchen Angst. Sie wollte nicht, dass Klara mit ihr spielt, damit sich Klara ihr nicht unterlegen fühlt. Lexchen war für Ritas Geschmack zu wenig steuerbar. Rita wollte eine Freundin für Klara, die sie dirigieren konnte, der sich Klara überlegen fühlte. Dafür war Joschi offenbar genau richtig. Ein Junge, der scheinbar keine eigenen Ideen hatte.

RITA

Sonntags treffen sich meist ein paar Nachbarn nach dem Gottesdienst zur Matinee. Nichts Besonderes. Irgendjemand lädt ein, alle kommen. Es gibt ein kaltes Buffet. Ein paar Salate, eine Käseplatte, Parmaschinken, Weißwein. Wir stehen in einem der Gärten, bei Sommerkamps, Reichmanns oder Wellhausens, reden über dies und das und die Kinder laufen draußen auf den Höfen herum. An einem der letzten Sonntage kam Rainer mit seinem Weinglas auf mich zu.

Alle Ehepaare standen dieses Mal in unserem Garten. Rainer trug diese weiten, schwarzen Stoffhosen, ein helles Hemd dazu, hat sich Mühe gegeben, gravitätisch wie der junge Le Corbusier auszusehen. Ist sein großes Idol. Hält sich selbst für Le Corbusier. Hat seinen Töchtern ein Puppenhaus ganz im Stile des großen Meisters gebaut! Ein Puppenhaus als Bungalow! Ohne tragende Wände, mit offenen Fassaden! Wie soll man mit einem Puppenhaus spielen, das ein Bungalow ist? Du kommst gar nicht an die Zimmer ran. Es sei denn, die Kinder legen sich wie kleine Robben flach auf den Boden. Das Ding kannst du nur als niedrigen Beistelltisch verwenden. Jedenfalls kommt dieser größenwahnsinnige Choleriker mit seinem Weißweinglas auf mich zu und … Ich wundere mich, dass er sich für Ulla entschieden hat. Sie sieht sehr gut aus, habe ich schon gesagt. Tolle Figur. Alles an der richtigen Stelle. Aber sie hat kein Selbstbewusstsein. Kuscht ständig. Du brauchst nur »Buh« zu sagen und schon verkriecht sie sich wie ein erschrockenes Kaninchen und kriegt beinahe einen Herzinfarkt. Aber Rainer ist der Sohn eines Mannes, der dreimal verheiratet war und neun Kinder gezeugt hat. Absolut männlich. Potent. Er sucht ein wirkliches Gegenüber. Eine Frau, die ihre Gefühle im Griff hat.

JOSCHI

Lexchen hat mir erzählt, dass ihre Geburt frühzeitig eingeleitet wurde, weil der Arzt in den Urlaub wollte.

GEORG

Ich weiß nicht, was es auf unserer kleinen Gartenparty zwischen Rainer und Rita zu besprechen gab. Standen da hinter unserer Magnolie, an die Backsteinwand gelehnt. Aber in diesem Hause erfahre ich sowieso nichts mehr. Wir schlafen nicht mal mehr im gleichen Bett. Rita beschließt, dass wir jetzt getrennt schlafen, also tun wir es. Rita beschließt, dass unsere Kinder Genies werden, also tun sie ihr Bestes. Rita beschließt, dass Joschi mit Klara zum Ballett geht. Also tut er es. Johannes soll mit Constanze Sex haben – also tun sie es? Hahaha! Ich glaube nicht! Niemand wird diese Constanze zu etwas bringen, das sie nicht will. Niemand. Was hier einige Leute in der Siedlung mächtig anheizt. Ich will keine Namen nennen – aber es gibt einige Ehemänner, die ein Auge auf sie geworfen haben und nur wegen ihr mehrmals wöchentlich mit dem Rad am Tennisplatz vorbeifahren. Wolfgang Vogel ist auch so ein Kandidat.

JOHANNES

Die ganzen Nachbarn stehen draußen im Garten im Sonnenschein auf unserem Rasen und stellen ihre Sektgläser auf dem Hasenstall ab, als wäre es ein Bistrotisch. In ihren frisch gebügelten Blusen, ihren Röcken und Cordanzügen.

Nur Constanzes Mutter trägt ihre Jeans und heute mal zur Feier des Tages ein smaragdgrünes Hemd ohne Karos. Dazu ihre Männerboots. Sie sieht wirklich aus wie ein Cowboy. Sie hat sich ihre langen Haare zu einem hohen Pferdeschwanz gebunden. Sie sieht ziemlich gut aus, was vermutlich eher ein Versehen ist. Wüsste sie, wie gut sie aussieht, würde sie ganz schnell ihre Bluse bis zum Hals zuknöpfen. Ich sehe, wie meine Mutter ihr von der Mauer aus die ganze Zeit über Blicke zuwirft. Ich stehe in der Küche, hinterm Fenster, weil ich irgendwas holen soll. Leider habe ich vergessen, was. Mein Vater hat mich geschickt. Ich gucke mich um, ob ich hier zwischen den Baguettebroten, dem Camembert und den Weintrauben was entdecke, was er brauchen könnte, und als ich nach dem Korkenzieher greife, streicht hinter mir ein warmer Körper entlang. Er flüstert: »Hier bist du.«

Okay. Constanze drückt sich von hinten minimal an mich, ihre Hände streichen über meine Schultern. Ich gucke auf den selbstgebastelten Kalender, den Klara meiner Mutter zu Weihnachten geschenkt hat. Er hängt direkt über dem Brotkasten. Klara hat sich strahlend blaue Filzstiftaugen gemalt. Plus ihre Geige, ein breites Grinsen und eine selbstgemalte Medaille, auf der steht: *1. Platz bei »Jugend musiziert«*. Natürlich hat sie den Preis nicht gewonnen, sie wird ihn auch nie gewinnen. Das ist kein Urteil, das ist ein Fakt. Aber die Illusion kann ihr niemand nehmen.

Ich wusste gar nicht, dass Constanze kommt. Ihre Mutter meinte vorhin, dass sie Tennis spielen ist. Ich flüstere mit so einem dämlichen Stottern: »Ich dachte, du bist Tennis spielen.«

»Wer verbreitet denn solchen Käse?«

»Deine Mutter?« Ich kichere.

»Hör nicht auf sie. Sie hat keine Ahnung.«

Ich atme tief ein. Wegen der ganzen Aufregung. Habe ich schon gesagt, dass ich einen Plan fürs Leben habe? Der beinhaltet, dass ich mir sofort das Leben nehmen werde, sobald ich Sex mit Constanze hatte, damit sie mich nicht killt wie diesen armseligen Falk, der sich und seinen fünf Jahre jüngeren Cello-Schülern einreden muss, dass er Constanze verlassen hat. Ich meine, Constanzes Weg pflastern Leichen und man kann es ihr nicht verübeln. Man weiß vorher, dass man von ihr gekillt wird. Wer das nicht will, sollte entweder keinen Sex mit ihr haben oder aber sich selbst umbringen. Ganz klar.

COTSCH

»Du bist ziemlich scharf, weißt du das?« Es ist grauenhaft. Ich bin total das Opfer meiner eigenen Konditionierung. Ich stehe dicht hinter Johannes und quatsche ihm meine ganzen abgelutschten Nutten-Sätze ins Ohr, die ich schon tausend anderen Idioten vor ihm ins Ohr gehaucht habe. Dabei will ich das gar nicht. Ich mache einen Schritt weg von ihm und lehne mich gegen den Küchentresen. Ich verschränke sogar die Arme vor meiner Brust, damit er da nicht draufstarren muss, was ich ja sonst unter normalen Umständen eigentlich eher forciere. Aber wie gesagt: Ich will die Sache langsam angehen. Aus einem verrückten Grund vertraue ich diesem Johannes. Ich weiß, dass er mir nicht wehtun wird, dass es gefahrlos ist, ihn zu lieben. Es kann natürlich immer passieren, dass ich ihm irgendwann noch wehtue. Aber das liegt in seinem Verantwortungsbereich. Da muss er gucken, wie er sich schützt. Aber in jedem Fall will ich nicht einfach nur Sex mit ihm und ihn dann fallen lassen, bevor es emotional wird. Es ist längst emotional zwischen uns, weil er mir diese Kassette aufgenommen hat, weil er mir nur einen Kuss auf die Wange gegeben hat, weil er mich jetzt durch seine Stephen-Hawking-Brillengläser anlächelt. Als würde er mich als Menschen sehen. Nicht als Objekt. Als jemanden, der ihn wirklich interessiert.

JOHANNES

Ich hoffe, Constanze sieht es mir nicht an, aber gerade stelle ich mir vor, wir hätten hier in der Küche Sex. In diesem Haus, in dem noch nie jemand Sex hatte. Constanze und ich würden dieses Haus entweihen – oder es segnen. Wie man es nimmt. Mit den ganzen Nachbarn da draußen im Garten. Ich könnte die Käseplatte beiseiteschieben, Constanze zwischen diesen Haufen Weintrauben setzen. Praktischerweise hat sie an diesem gesegneten Sonntag einen Minirock an. Wir müssten nur aufpassen, dass uns diese hyperkonventionellen Nachbarn und meine Eltern nicht durchs Küchenfenster sehen.

Ich bin noch nie mit einem Jungen im Park spazieren gegangen, mal abgesehen von der kurzen Strecke, die ich Anfang des Sommers mit Jules, dem französischen Austauschstudenten, gegangen bin. Bis zu dem Busch da drüben. Kein Kommentar! Johannes und ich gehen gleich dran vorbei. Es nieselt und mit einem Mal wirkt dieser Park, durch den ich schon tausendmal mit Mama spaziert bin, ganz anders auf mich. Irgendwie so verheißungsvoll. Vollkommen. Irgendwie macht diese ganze Parkanlage auf einmal Sinn. Es ist, als würden sich der damalige Gartenbauer und ich uns in dem gleichen Gemütszustand befinden. Wenn klar ist, was ich meine. Ich denke, man muss in einer ganz bestimmten Art fühlen, um das gesamte Parkpanorama überhaupt erfassen zu können. Um zu verstehen, warum der kleine See mit den Seerosen und Enten exakt diese Form hat, warum die kleine bewachsene Insel sich genau an dieser Stelle befindet, warum die Parkanlage so und nicht anders geschwungen ist. Faszinierend. Was bedeutet, dass man grundsätzlich viele Dinge nur verstehen kann, wenn man sich in etwa demselben mentalen Schwingungsbereich wie ihre jeweiligen Schöpfer befindet. Und ich weiß auch nicht, wie ich ausgerechnet jetzt auf Kai aus meiner Konfirmandengruppe komme, mit dem ich im Frühjahr etwas hatte.

Johannes und ich gehen nebeneinander her. Am Kloster vorbei. Der Regen wird immer stärker, aber wir sind schon mitten im Park Richtung Wäldchen unterwegs, hinunter zum Fluss. Es ist eine sehr literarische Stimmung. Sehr dramatisch. Fast ein bisschen Karoline-von-Günderrode-mäßig. Nur dass aus mir nie eine ordentliche Stiftschwester geworden wäre. Ich sage: »Ich bin eine Mörderin.«

Johannes ist einen Kopf größer als ich. Ich merke, wie er mich entspannt von der Seite anguckt und seine Seitenscheitelfrisur in der Feuchtigkeit ihren Schwung verliert. Als würde ihn meine Aussage jetzt gar nicht so richtig schocken.

Er nickt. »Okay.«

Ich sage: »Ich schätze, ich bin schuld, dass Kai sich umgebracht hat. Du weißt schon, der Junge, der vom Hochhausdach gesprungen ist.«

»Wieso solltest du schuld an seinem Tod sein?«

»Weil er sich wegen mir umgebracht hat.«

»Bist du sicher?«

Ich nicke: »Ich schätze, er hatte sich in mich verliebt, nachdem wir, du weißt schon.«

»Ihr hattet Sex, meinst du wohl.«

»Exakt.« Ich gucke Johannes an und er guckt mich an. Wir latschen durch den Wald, von den Bäumen tropft der Regen, es riecht feucht und frisch und unsere Schuhe sind leicht matschig. Und ich finde es fantastisch, wie Johannes das Wort »Sex« ausspricht. Wären wir nicht gerade bei einem ganz anderen Thema, würde ich ihn glatt bitten, es noch einmal zu wiederholen. Es macht mich heiß.

»Warum sollte er sich deswegen umbringen?«

»Weil sich viele Leute umbringen, wenn ihre Liebe nicht erwidert wird. Ich meine, wir haben uns jede Woche im Konfirmandenunterricht gesehen, aber ich habe so getan, als hätten wir nie etwas miteinander gehabt, und dann ist er eines Tages nach dem Konfa-Unterricht in seinem roten Kapuzenpulli hinter mir hergerannt und hat gesagt: ›Das kannst du nicht mit mir machen.‹ Und ich habe ihn so ganz kühl von oben herab angeguckt und gemeint: ›Wovon sprichst du?‹ Und er so: ›Davon, dass wir miteinander geschlafen haben und du mich jetzt wie Luft behandelst.‹ Und ich: ›Na und?! Weißt du, mit wie vielen Jungs ich schon geschlafen habe?‹ Und er hat nur stumm den Kopf geschüttelt und ich habe gesagt: ›Mindestens mit neunzehn.‹ Da hat er sich umgedreht und ist zurück zu seinem Fahrrad, das er vor dem Gemeindehaus angeschlossen hatte. Ich sehe ihn immer wieder vor mir, wie er sich in seinem roten Kapuzenpulli runter zu seinem roten Fahrradschloss beugt, es aufschließt, das Schloss auf den Gepäckträger klemmt und wegfährt. Ich werde dieses Bild nicht los. Ich sehe es jede Nacht vor mir. Ich wache nachts auf und ich bin ein ganz entsetzlicher Mensch.«

»So mächtig bist du nicht«, sagt Johannes und grinst mich an. Und ich grinse zurück. Dann höre ich auf zu grinsen. »Das würde allerdings im Umkehrschluss bedeuten, ich habe auch nicht die Macht, jemandem das Leben zu retten.«

»Wem musst du denn das Leben retten?«

»Meiner kleinen Schwester.«

»Wie kommst du darauf?«

»Keine Ahnung. Ich habe nur das Gefühl, dass ich sie irgendwann werde retten müssen.«

»Du bist größenwahnsinnig.« Johannes geht weiter. Mit den Händen in den Hosentaschen und ich laufe hinterher und hake mich bei ihm unter.

JOHANNES

Ich gebe es zu. Ich liege im Bett und schreibe alle Typen auf, von denen ich denke, dass Constanze mit ihnen Sex hatte. Ich komme nur auf fünfzehn, vier fehlen mir also noch. Sollte die Zahl Neunzehn überhaupt stimmen. Zumindest hat Constanze vorhin von mindestens neunzehn Typen gesprochen. Es wäre entzückend, der zwanzigste zu sein, allerdings hat sich für mich heute Nachmittag ein eklatantes Problem ergeben, von dem ich nicht weiß, wie ich es lösen soll. Vermutlich ist es nicht zu lösen: Es hat sich bereits ein Junge wegen Constanze umgebracht. Ausgerechnet Kai. Netter Typ. Gar keine Frage. Aber niemand, den man postum wegen seines Selbstmordes zum Helden stilisieren würde. Ich habe ihn jetzt noch zerbrechlicher vor Augen, als er ohnehin schon war. Und Constanze hat Schuldgefühle, aber keine – so, wie von mir eigentlich intendiert – Sehnsuchtsgefühle. Von wegen: Oh Gott, hätte ich doch nur das wahre Wesen dieses Jungen rechtzeitig erkannt, dann hätte ich ihm meine Liebe gestanden und er hätte sich nicht umbringen müssen.

Klar ist: Nachdem ich erfahren habe, dass Kai sich wegen Constanze nach dem Sex umgebracht hat, kann ich es nicht mehr tun. Ich würde total fantasielos rüberkommen, wie ein dämlicher Trittbrettfahrer. Das bedeutet, ich kann keinen Sex mehr mit ihr haben. Denn: Sollte ich Sex mit ihr haben und mich nicht umbringen, werde ich zwar zur Nummer zwanzig, aber auch unausweichlich zur nächsten Anekdote, die sie dem nächsten hoffnungsfrohen Typen um die Ohren klatscht, bevor sie ihn verführt und dann verstößt. Johannes, die sprichwörtliche Kerbe im Bettpfosten. Schönen Dank auch. Ich könnte mich jetzt gleich umbringen, damit sich Constanze auf immer und ewig fragt, wie es gewesen wäre, mit mir Sex zu haben. Aber dafür muss ich mich nicht umbringen. In dem Fall reicht es, einfach keinen Sex mit ihr zu haben.

ULLA

Ich mache mir Sorgen um Lexchen. Vermutlich hätte ich mir schon viel früher Sorgen machen müssen, aber ich war gedanklich so gefangen in all meinen anderen Sorgen, dass ich das Offensichtliche verdrängt habe. Lexchen wächst nicht. Sie ist inzwischen acht Jahre alt und noch immer sieht sie aus wie mein kleines fünfjähriges Lexchen. Vielleicht wollte ich es auch nicht wahrhaben, weil ich mein kleines Lexchen immer bei mir haben will. Vielleicht bin ich sogar schuld daran, dass es nicht wächst, weil es sich mir gegenüber verpflichtet fühlt, immer klein zu bleiben? Oder will es immer bei mir bleiben, weil es mir schon einmal gewaltsam entrissen wurde? Lexchens Geburt wurde zwei Wochen früher eingeleitet, weil der Arzt in den Urlaub wollte. Das hat man damals so gemacht. Jedenfalls gehe ich heute mit ihr hinüber zu Doktor Schäfer, der seine Praxis auf der anderen Seite der Siedlung hat, um Lexchen mal von ihm untersuchen zu lassen.

LEXCHEN

Von mir aus muss ich nicht wachsen. Von mir aus bleibe ich immer so, wie ich bin. Ich mag gerne, wie ich bin. Ich bin mein bester Freund und ich mag, wie ich aus meinem Innersten heraus alles sehe. Ich mag meine Puppe, ich mag mein Schnuffeltuch, ich mag mein Zimmer, meine Röcke, meine Sandalen. Ich mag, dass Gott genau weiß, wer ich bin. Ich weiß, dass Gott mich genau so mag, wie ich jetzt bin. Gott und ich haben eine Verabredung. Einen Deal. Wir beide, wir sind ein Team. Gott und ich. Er kommt zu mir, wenn es ganz still ist. Wenn ich atme. Wenn ich sehe. Wenn ich auf meinem ausgebreiteten Rock vor unserer Haustür auf den Steinen sitze und auf Mama warte, weil sie zu spät vom Büro nach Hause kommt. Wenn ich da in meiner Unterhose und meinem T-Shirt auf dem Rock knie, mir die gestickte Blumenborte mit den Gänseblümchen ganz genau ansehe, wenn der wolkenlose Himmel über mir schwebt, wenn die kleinen roten Spinnenbabys über die verschiedenfarbigen Sandkörner zwischen den Backsteinen krabbeln, wenn die Bienen über die Blüten der Sträucher summen. Die Bäume weit hinten über den Häuserdächern am Siedlungsrand rauschen und ich ganz still bin. Wenn der Himmel durch meinen Atem in mich hineinfließt, dann ist Gott bei mir und wir machen einen Plan. Warum sollte ich größer werden? Wenn alles, was ich bin, genau in diesen Körper passt?

Wir sitzen bei Doktor Schäfer im leeren Wartezimmer. Mama und ich halten uns an den Händen. Ich gucke ein bisschen herum. Zum Gummibaum in der Ecke, dann zu den ganzen Zeitschriften auf dem gläsernen Tischchen. Überall sind Prinzessinnen vorne drauf. Eine von ihnen scheint gerade als Sängerin im Badeanzug Ärger zu machen. Als Mama merkt, dass ich auf die Zeitschriften starre, dreht sie die Dinger um. »Schmierblätter!«, flüstert Mama und erzählt mir – um die Wartezeit zu überbrücken – die Sage von Siegfried, der im Drachenblut badet, aber dummerweise das Lindenblatt auf seiner Schulter nicht bemerkt und darum leider nicht unverwundbar wird. Dann werden wir aufgerufen und Mama und ich spazieren in Doktor Schäfers Sprechzimmer. Neben dem Fenster steht ein Skelett aus Plastik und noch irgendwelche anderen Körperteile stehen auf dem Schreibtisch. Das Zimmer macht Mama nervös, als würde sie gleich selbst eine Diagnose bekommen. Ihre Stimme ist brüchig, als wir uns auf die Stühle vor Doktor Schäfers Tisch setzen. Er hat einen weißen Kittel an und ist sehr nett. Er sagt immer: »Ähm. Ähm.« Vor jedem Satz sagt er: »Ähm. Öhm.« Und irgendwie erinnert er mich an den gelben Bert aus der Sesamstraße. Der mit dem kleinen schwarzen Haarpuschel oben auf dem Kopf. Die beiden haben eine ganz ähnliche Kopfform.

Mama lächelt, wie sie immer lächelt, wenn es gerade gar nichts zu lächeln gibt, und meint: »Mir ist aufgefallen, dass Alexa nicht mehr wachst.«

Doktor Schäfer stellt mich an so eine Messlatte am Türrahmen, als könnte er mir jetzt direkt beim Wachsen zusehen. Aber er bemerkt nur, dass ich für mein Alter tatsächlich ziemlich klein bin. »Immerhin stimmen die Proportionen«, tröstet er Mama und mich und das ist in unserer Familie sehr wichtig. Meine Eltern sind Architekten. Die achten sehr auf Proportionen. Mir wird noch mit einer Spritze Blut abgenommen. Die denken, mir macht das was aus. Aber es stört mich überhaupt nicht. Ich sage mir einfach: »Das gehört zum Leben.«

COTSCH

Ich fasse es nicht! Jetzt habe ich auch noch einen Stalker. Ich komme heute aus der Schule, raus in die Sonne und da steht tatsächlich dieser kranke Falk! Der Bruder von meiner Querflöten-Lehrerin. Der Typ, mit dem ich kurz mal sehr schlechten Sex in seinem Kinderzimmer hatte. Ich würde fast sagen: Warnung an alle Frauen! Habt keinen Sex mit Cello-Spielern! Die denken, der Frauenkörper sei ein Cello, wegen der ganzen weiblichen Rundungen und so weiter. Sie zupfen und machen an einem herum und es ist echt so nervig! Und dieser Falk hält sich auch noch für einen richtig abgefahrenen Lover. Stichwort: Film noir. Der stöhnt immer so, als wäre er kurz vorm Abnippeln. Darauf fahre ich ja gar nicht ab, wenn dir einer großes Kino vorspielen will. Das wirkt immer lächerlich. Außerdem ist das mein Part! Alles klar? Ich sorge für die Stimmung. Für die Gefahr. Für die blauen Flecken. Ich mag nicht, wenn mir dabei jemand in die Quere kommt, der keine Ahnung von Sex hat. Alles klar? Und jetzt steht der da tatsächlich mit seiner Headbanger-Frisur und seinem Trenchcoat, als wäre er Kommissar Kniepel höchstpersönlich, und macht einen auf supermysteriös.

Hallo! Freak! Ich habe dich schon gesehen. Macht jetzt so einen Agentenschritt hinter den Fahrradschuppen. Krass, dass ich mit dem Sex hatte. Ich muss wirklich genauer auswählen. Das sollte ich mir mal merken. Ich tue einfach so, als hätte ich ihn nicht gesehen. Ich habe jetzt keinen Bock, mit dem zu quatschen und mir anzuhören, dass er mich nicht vergessen kann. Hauptsache, er kommt nicht auch noch mit Selbstmord. Die Nummer kenne ich schon. Kann ich doch nichts dafür, dass er nicht mein Typ ist. Ich habe jetzt einen anderen Cello-Spieler, mit dem ich allerdings keinen Sex haben werde. Ich möchte Johannes platonisch lieben. Auf einer viel tieferen Ebene als der Sex-Ebene. Sex macht nur unglücklich. Sieht man ja an diesem Falk hier. Sex macht einen total bedürftig und abhängig, wenn man die Gefühle zulässt. Damit das nicht passiert, muss man ständig die Sexpartner wechseln. Diese Phase ist in meinem Leben vorbei. Ich werde ein Gelübde ablegen. Mit Johannes werde ich gemeinsam ein Gelübde ablegen, dass wir keinen Sex mehr haben wollen. Hat hier jemand zufällig *Der Name der Rose* gesehen? Scheiße, da kriege ich gleich wieder so abgefahren Lust auf Sex. Das ist eben der Nachteil am Gelübde. Das, was man nicht darf, will man haben. Ganz einfaches Prinzip. Warum sollte dieser Falk hier sonst rumlechzen? Er darf mich nicht haben, also will er mich. Schön vorsichtig mit solchen ausgehungerten Typen. In jedem Fall beinhaltet der Film *Der Name der Rose* die erotischste Sexszene, die diese Welt je hervorgebracht hat. Christian Slater hat so abgefahren geilen Sex mit dieser angeblichen Hexe, die leider wunderschön und durchtrainiert ist. Und, nebenbei bemerkt, relativ große Ähnlichkeit mit mir und meinem

Körper und meinem animalischen Charakter hat. Sie treiben es in der Klosterküche, zwischen Kübeln und Töpfen, in ihren Kartoffelsackkutten und Christian Slater hat ja bitte so einen geilen Knackarsch. Gott! Dabei darf er gar keinen Sex haben, weil er ja ein Mönch ist und im Zölibat lebt. Genau wie ich das mit Johannes tun werde, bis wir eines Tages so heiß aufeinander sein werden, dass wir es kaum noch aushalten und wie die Tiere übereinander herfallen, und ich bin mir ziemlich sicher, dass Mr. Hawking es draufhat.

Ich fänd's toll, wenn Johannes hier mal irgendwo auftauchen würde, um gemeinsam mit mir auf unseren Rädern nach Hause zu fahren. Ganz ehrlich, wie hat er es geschafft, dass mein Himmel heute leuchtender ist als je zuvor? Dass ich dieses krakelige, rosa Kreideherz überhaupt auf der Waschbeton-Wand bemerke. Normalerweise habe ich für solchen albernen Kitsch nicht einmal ein müdes Lächeln übrig. Eigentlich denke ich für gewöhnlich, dass man sich als Gymnasiast mit so einer naiven Wortmeldung selbst diskreditiert! Aber jetzt bekomme ich beängstigenderweise selbst Lust, ein paar rosa Kreideherzen mit unseren Initialen zu malen. Bin ich gestört?

FALK

Kann jemand diesem Mädchen mal sagen, dass es nicht in diesen khakifarbenen Hotpants zur Schule gehen kann? Damit sollte sie am besten gar nicht erst das Haus verlassen.

Dafür braucht sie einen Waffenschein. Wie ist es überhaupt möglich, als Normalsterbliche diese Beine zu haben? Sie sehen aus wie die von *Wonder Woman*. Durchtrainiert bis in die letzte Faser und dabei trotzdem ungeheuer weiblich. Konkret gesprochen ist Constanzes gesamter Körper wie der von *Wonder Woman*. Und mit ihr Sex zu haben ist demnach so, als hättest du Sex mit *Wonder Woman*. Ich hatte Sex mit ihr. Obwohl ich mich an jedes Detail erinnere, erscheint mir das Ganze so unwirklich. Mit dieser überirdischen Schönheit springt Constanze jetzt anmutig die sonnenbeschienenen Stufen ihres Gymnasiums herunter. Leichtfüßig, nicht von dieser Welt, bronzefarben, im Sonnenlicht des fortschreitenden Tages, und wenn ich das so sage, klingt das nicht überirdisch genug. Man muss es sehen, erleben. Kein *Ave Maria* wird je an sie heranreichen. Kein Bach, kein Rachmaninow und kein irgendwer hat jemals solch eine pulsierende Symphonie hervorgebracht wie dieses liebliche, kämpferische, gefährliche Wesen.

Es wäre klüger, hier hinter dem Fahrradschuppen zu verharren, zwischen all den krakeelenden Schülern, die jetzt Schulschluss haben, ihre Räder aus dem Fahrradständer reißen und nach Hause fahren. Ich stehe hier wie ein Stalker, jemand, der Übles im Sinn hat. Hab ich nicht. Ich werfe meine leere Bierflasche in die Büsche. Ich wollte einfach nur den Beweis, dass es vernünftig ist, dass Constanze und ich unserer Liebe keine Chance geben. Sie würde mich bestimmt vom Wesentlichen ablenken. Und das Wesentliche ist, dass ich für die Musik lebe. Dass all meine Empfindungen in mein Cello-Spiel fließen. Es ist nur gut, dieses Mädchen zu begehren, zu spüren, dass mein Herz pulsiert, damit ich diese schmerzhafte Sehnsucht in mein Spiel übertragen kann. Ich denke, mehr will ich gar nicht. Vielleicht stelle ich mich ihr jetzt doch in den Weg.

Vielleicht trete ich einfach aus dem Schatten des Fahrradschuppens hervor, gehe entschlossen an den Schülern, an den Fahrradständern entlang, mein Mantel flattert im leichten Sommerwind, ich sehe meine grünen Chucks, meine Jeans. Ich fühle mein Haar, das im Wind fliegt. Ich gehe schneller, weil sie mich längst im Augenwinkel gesehen hat und eilig an mir vorbeiwill. Ich strecke meinen Arm nach ihr aus. Ich rufe: »Constanze!«

Sie fegt an mir vorbei, dreht sich nicht um, geht immer schneller, immer schneller. Im Slalom zwischen den Schülern hindurch. Ich auch. Ich gehe direkt hinter ihr. Schüler kreuzen unsere Wege, laufen uns vor die Füße. Als sie das Ende der Fahrradständer erreicht hat, sprintet sie los. Ich auch. Ich kann noch immer ziemlich schnell rennen. So schnell wie Constanze. Sie rennt Richtung Sportplatz. Ich hinterher. Ich brülle. »Bleib stehen!«

Sie lässt ihre Tasche fallen und ich sehe, wie sie jetzt in den Modus einer Athletin, einer *Wonder Woman* überwechselt, und ich kann es nicht ändern. Sie weckt meinen Jagdinstinkt. Und habe ich es schon erwähnt? Ich war damals in meiner Schulzeit auch bei den Leichtathleten. Constanze liebt den Wettkampf. Ich liebe den Wettkampf. Ich lache. Ich lache und kann nicht fassen, wie lebendig ich mich gerade fühle. Bin ewig nicht mehr so gerannt! Wir sprinten die Aschenbahn hinunter. Ich in meinen Chucks. Um die Wette mit einem Mädchen. Constanze ist verdammt schnell. Aber nicht so schnell wie ich. Über uns fliegen ein paar Amseln. Über uns ziehen ein paar sanfte Wölkchen. Am Rand des Sportplatzes wogen sacht die Baumkronen. Ihre Blättchen flimmern in der Mittagssonne. Die Stimmen der Schüler verebben. Sie verlassen einer nach dem anderen das Schulgelände und Constanze begeht einen Fehler. Sie rennt nicht zurück in Richtung Schule, sondern hangabwärts Richtung Kanal. Aber vielleicht ist es auch gar kein Fehler, sondern ein Zeichen für mich, dass wir unentdeckt bleiben sollen bei unserem Spiel. Bei dem, was jetzt gleich passiert.

JOHANNES

Als ich vorhin aus dem Haupteingang kam, war Constanze schon weg. Obwohl ihr Fahrrad noch im Fahrradständer stand. Ich habe bestimmt zwanzig Minuten vor der Schule in der prallen Sonne herumgestanden, bis ich losmusste und einen Sonnenbrand hatte. Ich habe heute Cello-Unterricht und vorher will ich noch ein paar Liegestütze machen. Seit einigen Tagen mache ich jeden Mittag nach der Schule Liegestütze in meinem Zimmer, zwischen Hochbett und Schreibtisch, wenn meine Mutter oben in ihrem Zimmer ihre unverzichtbare Mittagsruhe hält. Sie dreht voll durch, wenn sie mittags nicht ihre Ruhe kriegt. Ist der ganze Tag im Eimer. Und zwar von allen Familienmitgliedern. Total unmenschlich. Na ja. Hauptsache, sie kommt jetzt nicht rein und sieht, dass ich gerade mit nacktem Oberkörper auf meinem Teppich liege und versuche, mich wenigstens zehn Mal hochzustemmen. Meine Mutter kommt ständig in mein Zimmer, ohne anzuklopfen. Bei uns zu Hause ist Privatsphäre ein Fremdwort, und sobald ich darum bitten würde, wäre es damit vollends vorbei. Dann würde meine Mutter sofort anfangen, meinen Kleiderschrank durchzuwühlen, nach Geheimnissen zu suchen, die ich in meiner Privatsphäre angeblich vor ihr verstecken will.

Meine Mutter ist eine äußerst misstrauische Person und in ihrem Misstrauen traut sie mir alles zu. Dazu kommt, dass sie alles über mich wissen will, um sämtliche Details über mich auszuwerten und im fraglichen Fall sofort einzugreifen, mich zu korrigieren oder meine Schwächen auszumerzen. Das Durchleuchten der eigenen Kinder ist hier in der Siedlung seit einiger Zeit ganz groß in Mode. Stichwort: Gläsernes Kind. Nichts soll untherapiert bleiben. Alles muss analysiert und ergründet werden. Würde meine Mutter mitbekommen, dass ich Liegestütze mache, würde sie sofort wissen wollen, wozu und warum und was ich damit Abwegiges bezwecke und welches aufgeblasene Männerbild ich eigentlich verfolge? Mein angestrebtes muskulöses Männerbild würde ihr großes Unwohlsein bereiten, weil ihr eigener Mann diesem Männerbild überhaupt nicht entspricht. Was ihr ebenfalls großes Unbehagen bereitet. In ihren Augen ist er ein Loser.

Dabei hält meine Mutter Männer, die muskulös sind, für primitive Tiere. Was würde ich dafür tun, ein primitives Tier zu sein? Ein geiler Löwe! Scheiße, jetzt muss ich lachen! Mit dem Bauch auf meinem Boden liegend, und kann nicht glauben, dass Constanze all dieses Wunderbare in mir erweckt.

Ich finde, es wird Zeit, dass Klaras Babypuppe Lisbeth langsam mal in den Keller wandert. Das Ding verstaubt doch nur in ihrem Puppenwagen. Ich bin stolz darauf, wie gelassen ich diese Räumerei hinbekomme. Bisher dachte ich immer, der Abschied von Klaras Kindheit müsste furchtbar wehtun. Ganz im Gegenteil. Es ist eine einzige Befreiung. Ulla würde natürlich ununterbrochen dabei weinen. Dass ihr kleines Lexchen jetzt langsam flügge wird und die schöne Kindheit unwiderruflich vorbei ist. Verbunden mit all den quälenden Fragen: »Habe ich alles richtig gemacht?«, »Hätte ich mich mehr kümmern müssen?«, »Habe ich meinen Kindern genug Liebe gegeben?«, »Darf ich sie überhaupt loslassen?« Beschäftigt mich alles gar nicht.

Ich stehe oben in Klaras Zimmer, ziehe die dunkelblauen Vorhänge zur Seite, die Mittagssonne fällt in ihren Kindheitsraum. Auf ihre weiße Schreibtischplatte. Die Stifte im getöpferten Becher. Die bunten Radiergummis. Die Sonne fällt auf ihr Bett, das rechts in der Ecke steht. Auf der anderen Seite der Kleiderschrank, den Georg selbst gebaut hat. Und auf der Holztruhe neben der Zimmertür sitzen Klaras Käthe-Kruse-Puppen, ihr Steiff-Hund und im Puppenwagen daneben liegt Lisbeth mit geschlossenen Augen. Klara wird jetzt bald ihre Tage bekommen. Sie wird ein großes Mädchen werden. Für uns beide beginnt nun ein neuer Lebensabschnitt. Ich bleibe barfuß in dem warmen Lichtfeld mitten im Zimmer stehen. Ich überprüfe, was davon alles in den Keller wandern kann, bevor Klara gleich aus der Schule kommt. Bis dahin muss das Zeug weg sein. Ich will da gar keine große Sache draus machen. Es ist keine große Sache. Kindheit raus. Jugend rein. Mehr Freiheit für mich.

Ich versuche, nicht daran zu denken, wie Klara sich damals gefreut hat, als sie die Babypuppe zu Weihnachten bekommen hat, wie sie Lisbeth gewiegt hat, damit die Klappaugen auf- und zugehen. Sie hat die Puppe gewickelt und lieb mit ihr gesprochen. Und ihr befohlen, ordentlich aus dem Fläschchen zu trinken. Ich erinnere all das überhaupt nicht mehr richtig. So besonders war es gar nicht. Es ist wichtig, Dinge und Phasen zu verabschieden, um neuen Platz zu machen, um zu reifen. Gerade könnte ich mich durch einen Radikalschlag dieses gesamten Lebens entledigen. Besser gesagt: meiner Lebensumstände.

Ich will zurück in die Uni-Zeit, wo noch alles möglich war. Als noch nicht alle Entscheidungen getroffen waren, die unweigerlich zu immer mehr Festlegungen geführt haben, die mich jetzt in meiner ganz persönlichen Entwicklung behindern. Die mich nicht die sein lassen, die ich sein sollte. Die mich nicht die Frau lieben lassen, die ich lieben will.

Ich stelle mich neben das Fenster, während ich meinen zu langen Pony wieder feststecke. Ich sehe hinunter in unseren ummauerten Garten, hinunter zur Magnolie. Ein einziges Symbol der Enge. Am Sonntag kam Rainer auf mich zu, quer über unseren winzigen Rasen. Mit seinem süffisanten Corbusier-Lächeln, seinem weißen Hemd mit hochgekrempelten Ärmeln, seinen Armen, die gar nicht mit denen von Georg zu vergleichen sind. Er kam und hatte dieses Auffordernde im Blick. Mit seinem Körper kam er ganz nah zu mir heran, nur für einen Augenblick, sodass es eigentlich niemand mitbekommen konnte. Sein Gesicht dicht an meinem Ohr, hat er mich tatsächlich gefragt, wie ich zu Kamasutra stehe. »Und, Rita? Wie stehst du zu Kamasutra?«

Ich wollte es Ulla gar nicht erzählen, weil ja klar ist, dass sie so eine Geschichte aus den Schuhen haut. So eine Geschichte bringt ihr ganzes Weltbild durcheinander. Solch eine Monstrosität. Aber was soll ich tun, wenn sie sich weigert, das Scheitern ihrer Ehe anzuerkennen? Sie leidet so stark unter Rainers Wutausbrüchen, trotzdem lässt sie nicht zu, dass die ihre Familie zerstören, und da habe ich gedacht: Es wäre gut, Ulla die Wahrheit zu sagen, damit sie Rainer verlassen kann. Es tut gar nicht weh. Genau, wie es nicht wehtut, Klaras Babypuppe in den Pappkarton zu legen, die Stofftiere draufzupacken und den Deckel zuzuklappen. So, als wären sie nie da gewesen.

LEXCHEN

Mama und Cotsch reden gerade hinter der Zimmertür miteinander. Ich soll draußen warten, weil ich für das, was sie reden, noch zu jung bin. Ich weiß nicht, was los ist. Ich habe nur vorhin durchs Küchenfenster gesehen, dass Cotsch geweint hat, als sie von der Schule nach Hause kam. Sie ist durch unseren Garten gehuscht, unter den Zweigen der Akazie hindurch, ins Wohnzimmer rein und dann gleich weiter in den Flur. Mama und ich standen in der Küche und haben gekocht. Wir kochen immer zusammen. Ich rücke mir dann einen Hocker an den Herd und mache die Soße. Von da aus habe ich Cotsch weinen sehen. Ihr Gesicht war richtig geschwollen und ihre Haare waren ganz zerzaust. Ich habe mich auf meinem Hocker umgedreht und gefragt: »Was ist denn los, Cotsch?«

Aber sie hat mir gar nicht geantwortet. Sie ist einfach weiter in den Flur und dann in ihr Zimmer. Mama hat gleich die Deckel auf die Töpfe gepackt, alle Platten ausgeschaltet und meinen Soßentopf vom Herd geschoben. Und dann sind wir hinter Cotsch her, durch den dämmrigen Flur, die kleine Treppe rauf, in ihr Zimmer. Da lag meine große Schwester auf ihrem Bett und hat geweint. Ich habe gesehen, dass ihre nackten Beine voller Schrammen waren und ihre kurze Hose war ganz verdreckt. Sie hat gezittert und hat sich ihr Kissen über den Kopf gezogen. Mama hat sich auf die Bettkante gesetzt und Cotsch am Arm gestreichelt. Sie hat immer wieder gefragt: »Was ist denn passiert, mein Kind?«

Ich habe Cotsch auch an der Schulter gestreichelt und gefragt: »Was ist denn passiert, Cotsch?«

Da musste Cotsch noch mehr weinen. Sie hat so schrecklich geweint und Mama sah richtig erschrocken aus. Sie hat sich Cotschs Beine angesehen und ihre Arme waren auch zerkratzt und überall waren diese blauen Flecken. Mama hat gefragt: »Hattest du im Wald einen Fahrradunfall?«

Und da hat Cotsch in ihr Kissen gesagt: »Schick Lexchen raus.«

Alles war ganz automatisch. Mama ist mit einem Mal ganz ruhig aufgestanden, hat mich an den Schultern nach draußen in den Flur geschoben und mit so einer seltsamen

Stimme zu mir gesagt: »Warte auf den Stufen, bis ich wieder rauskomme.«

Jetzt sitze ich hier im kühlen Flur und warte. Leider kann ich nicht verstehen, worüber Mama und Cotsch sprechen. Ich höre nur, dass Mama ab und an sagt: »Mein armes Kind!« Und dann: »Nimm es mir nicht übel, aber so eine kurze Hose.«

Und als Mama das sagt, kreischt Cotsch: »Was bist du nur für eine Mutter!« Und gleich darauf geht die Tür auf und Mama kommt raus. Sie macht die Tür schnell wieder zu, weil drinnen irgendwelche Sachen herumgeworfen werden. Das kenne ich schon von Cotsch. Wenn sie wütend ist, schleudert sie Sachen herum. Mir macht das nichts aus, weil ich weiß, dass meine große Schwester mir nie etwas tun würde. Darum stehe ich jetzt von der Treppenstufe auf, husche an Mama vorbei direkt in Cotschs Zimmer und setze mich zu ihr aufs Bett, wo sie kniet und gerade die gelbe Klemmlampe von ihrem Regalbrett reißt und quer durchs Zimmer schleudern will, was nicht geht, weil das Kabel noch in der Steckdose steckt. Jetzt muss Cotsch noch mehr heulen: »Ich hasse die Lampe! Ich hasse euch alle!«

Dann wirft sie sich neben mich aufs Bett. Ihre Locken fliegen und sie heult wirklich so, als hätte jemand versucht, sie umzubringen. Ich streiche über ihre Schulter. Bis sie sich beruhigt hat und ich sage: »Ich hab dich lieb.«

ULLA

Ich habe gewusst, dass das passieren würde. Ich wusste es. Constanze hat es geradezu herausgefordert. Wer sich so verhält wie sie, muss damit rechnen, dass genau das passiert. Sie sendet die falschen Signale aus. Diese kurzen Hosen, bei denen man die Hälfte vom Po sieht. Dieses aufreizende Gehabe. Dieses Herumgesexe. Welcher Mann sollte da nicht glauben, dass das als Einladung zu verstehen ist? Ich bin nicht prüde. Das bin ich wirklich nicht, auch wenn das alle Welt behauptet. Nur weil ich keine Lust auf diesen neumodischen Kamasutra-Sex habe.

Bevor ich Kamasutra praktiziere, will ich ein anständiges Gespräch mit meinem Mann führen. Rainer bekommt mir gegenüber keinen geraden Satz auf Deutsch heraus, weil er entweder herumbrüllt oder beleidigt ist, will aber in die fernöstliche Körpersprache eintauchen. Was für ein dummes Zeug!

Ich habe Constanze so oft gesagt, dass man sich als junges Mädchen nicht derart anbieten sollte. Als Frau ist man eben nicht nur ein gefühlloses Objekt. Wenn man will, dass die anderen nicht dieses primitive Bild von einem haben, muss man sich dementsprechend verhalten. Und ich habe eben keinen Bedarf, dass alle in mir die zu Diensten stehende Frau sehen. Weswegen mich Rainer für frigide hält. Auch so ein neumodischer Begriff, um uns Frauen gefügig zu machen. Weswegen sich Rita ja auch plötzlich als offenherzige Nachbarin aufspielt. Nur weil ich ihr erzählt habe, dass ich auf Rainers albernen Kamasutra-Kram keine

Lust habe. Da muss sie natürlich so tun, als hätte sie unheimlich Bock drauf.

Alles dummes Gerede. Rainer versucht damit auch nur einem Männerbild zu entsprechen, das er für modern hält. Ich weiß nicht einmal, woher er diesen Kamasutra-Fimmel hat. Mich interessiert dieses Herumgeturne in jedem Fall nicht. Da hat er sich mit mir die falsche Frau gesucht. Das hätte er sich aber gleich denken können, dass ich für solche Sperenzchen nicht die richtige Liebhaberin bin. Das zeigt wieder nur Rainers mangelnde Menschenkenntnis.

Die Kartoffeln müssten inzwischen fertig sein. Lexchens Soße auch. Das Gemüse stelle ich noch einmal kurz an. Ich decke den Tisch. Ganz in Ruhe. Die Tischdecke. Die Teller. Das Besteck. Gleich setzen wir uns ganz ruhig an den Tisch und essen erst einmal. Und Cotsch soll bloß duschen. Mir reicht es. Mit all den Leuten, die sich nicht im Griff haben.

Ich stelle die Gläser auf den Tisch und gehe wieder durch den Flur, die Stufen hinauf und drücke die Klinke herunter. Ich schiebe die Tür vorsichtig auf und gucke ins Zimmer. Der Boden liegt voller Schnellhefter, Bücher und Kassetten. Von *Moby Dick* ist die Schutzhülle zerrissen. Ich sage jetzt nichts. Meine Kinder zerbrechen an dieser Welt. Und niemand kann uns beschützen. Nur wir uns selbst. Wir drei. Cotsch hat ihren Kopf in Lexchens Schoß gelegt. Lexchens Hand streicht über ihr wirres Haar. Mein kleines Lexchen guckt mich fragend an.

Ich sage: »Es gibt gleich Essen.« Ich lächle, mein Blick schweift wieder zum zerfledderten *Moby Dick* und dann sage ich noch: »Cotsch, ich glaube, es wäre gut, wenn du vorher noch schnell duschst.«

Meine große Tochter richtet sich auf. Vorsichtig schiebt sie ihre nackten Beine über die Bettkante. Sie steht auf, gibt Lexchen einen Kuss auf die Stirn und drückt sich dann mit ihrem geschwollenen Gesicht an mir vorbei aus dem Zimmer. Ich streiche ihr über die Schulter und sie murmelt: »Bin gleich wieder da.«

Lexchen hilft mir in der Küche die Kartoffeln und das Gemüse in Schüsseln zu füllen und auf den Tisch zu stellen. Es ist ganz still um uns herum. Ich sehe hinaus in den flimmernden Garten. Es ist Hochsommer, und wenn Rainer mit Rita schlafen will, dann soll er das tun. Dann soll er das tun. Mir ist es egal. Es ist seine Verantwortung. Ich übernehme jetzt meine.

JOSCHI

Ich weiß nicht so richtig, was ich davon halten soll, dass Klara jetzt immer bei uns zu Mittag isst. Seitdem wir Zwillinge sind, kommt sie nach der Schule immer direkt mit zu mir. Was an sich kein Problem ist, außer dass sie eine Katzenallergie hat und wir Esmeralda darum immer oben im Töpferzimmer einsperren müssen, damit Klara nicht noch stärkeren Hautausschlag bekommt. Die kratzt sich wirklich überall. Das kann ich kaum mit ansehen.

JOHANNES

Habe ich es schon gesagt? Ich mag diesen Falk nicht. Ich sitze ihm in seinem Zimmer gegenüber. Auf der Stuhlkante, unsere Notenständer und Cellos zwischen uns. Ich komme einfach nicht darüber hinweg, dass ich in dem Raum Cello-Unterricht habe, in dem er Anfang des Sommers mit Constanze Sex hatte. Ich wünschte, ich könnte es vergessen, aber je mehr ich versuche, nicht daran zu denken, desto mehr habe ich dieses Bild vom Liebesakt vor Augen. Fast ist es so, als würden sich die beiden noch immer ekstatisch auf Falks Bett herumwälzen.

Wenn ich wenigstens wüsste, ob es Constanze in irgendeiner Form Spaß gemacht hat. Ich meine, ich hätte keine Lust, mit Falk zu schlafen. Aber Falk meinte ja neulich: »Sie war verrückt nach mir.«

Wenn ich ihn mir jetzt allerdings so ansehe, denke ich eher, dass Constanze nichts von ihm wollte. Oder? Seine langen Haare hat er heute mal zu einem Zopf gebunden. Dazu trägt er ein graues Live-Aid-T-Shirt, wo der Gitarrenkörper die Umrisse von Afrika darstellen soll. Als wäre er live beim Benefiz-Konzert in London dabei gewesen. Darf ich mal laut lachen?! In dieser gottverdammten Siedlung hat – außer meinem Vater – noch nie jemand ein Flugzeug bestiegen, weil alle Panik haben, dass sie abstürzen oder dem Terrorismus zum Opfer fallen könnten. Außerdem stehen Intellektuelle nicht so auf Fernreisen. Jedenfalls nicht diese Intellektuellen hier. Die halten Reisen in ferne Länder für überflüssig. Proletarisch. Ideologisch nicht vertretbar.

Wegen des Kerosinausstoßes und nach Amerika fliegt man als aufgeklärter Europäer sowieso nicht. Südfrankreich ist da schon die absolute Schmerzgrenze.

Falk hat auf seinem Unterarm eine echt schräge Verletzung. Sieht aus, als hätte ihn da jemand gebissen. Keine Ahnung, was der in seiner Freizeit treibt. Er hält seinen Kopf gesenkt, wie das eben echte Cello-Spieler machen, um krasse Konzentration zu signalisieren, totale Verbundenheit mit dem Instrument und der Komposition. So, als würde er jeden Ton in seinem Körper noch mal extra nachhallen lassen. Ich soll ihn beobachten, wie er die Cello-Suite von Bach interpretiert. Ich soll auf seine Finger glotzen, wie sie die Saiten bearbeiten und darauf herumvibrieren. Ich hasse seine Finger. Ich hasse dieses Zimmer. Ich hasse sein Live-Aid-T-Shirt, ich hasse seine selbstgefällige Konzentration. Falk zieht den Bogen ganz durch, lässt ihn hochschwingen, legt sein Cello zur Seite und sieht mich grinsend an. »Alles klar?«

»Yep.«

»Dann bist du jetzt dran. Hol alles raus. Heute wollen wir die Sache mal zu Ende bringen.«

Blablabla. Ich nicke und habe so einen dicken Kloß im Hals, dass ich am liebsten aufstehen und gehen würde. Aber meine Eltern bezahlen ja die Stunde. Außerdem haben wir jetzt am Wochenende ein Scheiß-Vorspiel im Wohnzimmer dieses Hauses. Im Beisein von hundert Eltern, weil ja die drei Berenstein-Geschwister sämtlichen Siedlungskindern Unterricht geben. Meiner kleinen Schwester. Dem zappeligen Trinus Steinhoff. Monika und Bettina Wellhausen. Babette Trimborn. Und Constanze. Sie wird mit ihrer Querflöte dabei sein und das ist mein einziger Trost. Ich werde sie wiedersehen.

An den Zimmerwänden hängen so psychedelische Poster von Santana im Muscle-Shirt mit seiner Gitarre und von Jimi Hendrix – ebenfalls mit seiner Gitarre und Kopftuch um die Locken. Ob Falk auffällt, dass es einen erheblichen Coolness-Unterschied zwischen Gitarre und Cello, Woodstock und Wohnzimmer und Jimi Hendrix und ihm gibt?

Er kickt mich mit seinem Bogen an. »Hey, alles klar?«

Für den Bruchteil einer Sekunde habe ich das Gefühl, über sein Gesicht flimmert so eine gewisse Unsicherheit. Aber dann grinst er und meint: »Du kriegst das hin. Wir wollen uns am Samstag doch nicht blamieren.«

Dann zwinkert er rum, als wären wir beste Freunde. Ganz ehrlich? *Er* will sich nicht blamieren. Nicht vor den ganzen Eltern, die hier anmarschiert kommen, um zu sehen, wie »weit« ihre Kinder musikalisch sind. Wahrscheinlich müsste ich ihm jetzt Mut machen und sagen: »Hey, keine Sorge! Ich kriege das hin!« Aber ich sage gar nichts. Mein Blick bleibt an seiner Bissverletzung am Unterarm hängen, und ohne dass ich es will, frage ich mit meiner noch nicht ganz ausgereiften Männerstimme: »Scheiße, was hast du da gemacht?« So, als hätte ich die Verletzung gerade erst bemerkt.

Er zwinkert weiter so bekloppt rum und meint: »Da hat mich eine Katze gebissen! Miau!«

Für wen hält er sich denn bitte? Für einen Spaßvogel? Mein Gesicht ist mit Absicht reglos. Ich muss dem Typen beibiegen, dass ich ihn nicht für so cool halte, wie er sich offenbar selbst hält.

Wir gucken uns in die Augen. Ohne zu blinzeln. Ich bin ganz cool. Ganz ruhig. Schließlich nickt er nervös und sagt mit belegter Stimme: »Wie auch immer. Ist Privatsache. Spiel einfach. Stunde ist gleich um.«

Ich fixiere die Noten, weil ich jetzt schleunigst zusehen sollte, dass ich diese Bach-Suite anständig spielen kann. All die ehrgeizigen Eltern sind mir wurscht, die mein Können mit dem ihrer Kinder vergleichen. Falks Ansehen als Lehrer ist mir wurscht. Aber Constanze nicht, und die soll vom Glauben abfallen, wenn sie mich den zweiten Teil der Bach-Suite spielen hört. Einen ganz leichten Schreittanz.

COTSCH

Ich habe die Duschbrause in der Hand und das heiße Wasser läuft über meine Schultern und steigt in der Wanne langsam höher und ich kann nicht aufhören zu weinen. Es tut so weh. Es tut so weh. Ich zittere und es tut so weh, dass mich niemand halten kann. Er hat mich einfach gepackt. Er hat mich einfach gepackt. Gepackt. Gepackt. Gepackt. Hinten an den Haaren. Gepackt und nach hinten gerissen. Mir ist kalt. Ich bin in die Knie gegangen. In die Knie. Wie ein Opfer! Hinter den Büschen. Auf den erdigen Boden. Zwischen die Grasbüschel. Da war niemand. Kein Mensch. Nur Gras. Und spitze Steine. Und diese Büsche. Wie ein Tier hat er mich da hineingezerrt. Ich konnte gar nichts machen. Über mir wogten die Baumkronen und weit oben war der

Himmel. Und ganz nah sein Gesicht. Der hatte solche Kraft. Ich habe um mich getreten, ihn geschlagen, gekratzt, gebissen. An seinen Haaren gerissen. Aber er hat mich nur wie ein Wahnsinniger angesehen und ich werde diesen Blick nie wieder vergessen und sein Atmen. Und Mama, mir ist so kalt.

Die Einzige, die mich halten könnte, wäre Lexchen mit ihrer Liebe. Mama ist viel zu hilflos. Aber ich kann meiner kleinen Schwester nicht sagen, was passiert ist. Meine kleine Schwester soll weiter glauben, dass die Welt gut ist. Zumindest, dass ihr nichts passieren kann. Weil ich sie immer beschützen werde. Und Mama kann mir auch nicht helfen. Mit ihren verschissenen Schuldzuweisungen. Aus allem muss sie ein Lehrstück machen. Klar, dass ich schuld bin. Wer sonst? Denn: Ich bin ja unbelehrbar! Niemand anderes darf schuld sein, weil ja alle anderen immer alles richtig machen beziehungsweise nur auf meine Fehler reagieren! Sich durch mich zu irgendwelchen Missetaten berufen fühlen. Als hätten die alle keine eigene Agenda. Ich bin der verschissene Fehler im System. Und woran liegt das? Weil Mama niemanden zur Rechenschaft ziehen will. Weil sie sich das nicht traut. Weil sie nicht ans andere Ende der Siedlung zur Familie Berenstein gehen will, um denen in ihrem verschissenen Reihenendhaus zu sagen, dass ihr biertrinkender Sohn ein verschissener Vergewaltiger ist. Dass er Mädchen fängt und … Es tut so weh.

Mama will sich nicht unbeliebt machen bei Leuten, die einen Vergewaltiger großgezogen haben. Sie möchte ihnen nicht Unrecht tun. Denn immerhin wäre es ja möglich, dass Falk mein Opfer ist. Dass ich ihn mit meinem aufreizenden

Äußeren herausgefordert habe. Wer weiß das schon? Schließlich kommt er aus einer guten Familie. Da nähert man sich keinem Mädchen, das es nicht explizit drauf anlegt, vergewaltigt zu werden. Und in Mamas Augen bin ich sowieso ein Mädchen, das es drauf anlegt. Soll sie sich mal fragen, warum. Weil ich, im Gegensatz zu ihr, meine Sexualität nicht unterdrücken will. Weil ich darüber selbst bestimmen will. Aber wenn die verschissene Männerwelt bewusstseinstechnisch noch nicht so weit ist, dann muss sie es eben auf die harte Tour lernen.

»Cotschi, kommst du essen?« Lexchen klopft von außen an die Badezimmertür.

»Komme!«

Ich starre noch für einen Moment gegen die blassblauen Kacheln, steige aus der Wanne und wickle mir das große Badehandtuch um. Ich werde so tun, als sei es nie passiert. Ich werde es einfach aus meiner Erinnerung streichen. Ich werde mich jetzt abtrocknen. Mich anziehen, aus der Tür in den Flur gehen, Lexchen an die Hand nehmen und dann mit ihr die Treppe hinunter ins Wohnzimmer gehen und mich an den gedeckten Tisch setzen. Und auf den Stufen werde ich bereits alles vergessen haben.

LEXCHEN

Ich denke gar nicht, dass die Welt gut ist. Ich will sie gut machen. Wie Jesus.

GEORG

Ist mir schon klar, dass es nicht zeitgemäß ist, sich vor der eigenen Frau zu fürchten. Aber leider bin ich der »Mann in Angst«. Zumindest zu Hause. Ansonsten eigentlich nicht. Aber sobald Rita in den Raum kommt, weiß ich schon, dass ich etwas falsch gemacht habe. Meine körperliche Erscheinung, wie ich mich bewege, was ich sage, meine Ansichten, alles eine einzige Zumutung für sie. Meine Cordanzüge? Lächerlich. Empfindet sie als Beleidigung ihrer Existenz. Was soll ich machen? Gerade schleppt sie im Flur irgendwelche Kisten. Vielleicht sollte ich ihr helfen? Vielleicht auch nicht? Wer weiß schon, was ihr gerade lieb wäre? Wenn sich die eigene Frau erst einmal auf so eine abwehrende Sichtweise eingeschossen hat, kann man nicht mehr viel tun, als sich aus dem Staub zu machen – oder man ignoriert es. So, als wäre nichts. Aber beides kriege ich nicht hin. Es trifft mich noch immer, wenn sie mich in ihrer unnachahmlichen Art und Weise anranzt. Als würde sie sich bei mir für alle Erniedrigungen rächen wollen, die jemals von »den Männern« an »den Frauen« verübt wurden. Wobei sie vollkommen außer Acht lässt, dass ich überhaupt nicht »so« ein Mann bin! Ich bin mitfühlend! Ich habe einen behinderten Bruder! Wenn das nicht für mich spricht! Schon in meiner Kindheit habe ich gelernt, Rücksicht zu nehmen, Verständnis zu haben und so weiter.

Aber komischerweise scheint genau das meine Frau auf die Palme zu bringen. Genauso, wie es sie auf die Palme bringt, wenn ich mich automatisch unterordne. Schon mal mit jemandem zusammengelebt, dem du nichts recht machen kannst? Es ist Folter! Nur ein Beispiel: Ich stehe in der Küche, hinter dem dunkelroten Vorhang, mache mir ein Knäckebrot mit einer Scheibe Leerdammer und habe die Ohren aufgestellt wie ein junges Rehkitz, das jederzeit damit rechnet, dass sich gleich dieses gefährliche wilde Tier durch die Büsche schlägt, um es zu reißen. Ich räume die Knäckebrot-Packung vorschriftsmäßig zurück in den Hängeschrank und gehe mit dem Knäckebrot raus in den Garten – direkt zum Komposthaufen. Denn: Würde ich das Knäckebrot in der Küche essen, würde Rita wollen, dass ich mir einen Teller nehme und damit artig am Küchentisch sitzen bleibe, bis ich aufgegessen habe. Um den Kindern kein falsches Vorbild zu sein. Würde ich aber ohne Teller, ganz selbstbewusst und männlich, mit dem Knäckebrot durchs Wohnzimmer laufen und mich damit vors Bücherregal stellen, würde ich eins aufs Dach kriegen, weil ich angeblich alles vollkrümle. Hier im Garten, am Komposthaufen, ist Krümeln erlaubt. Außerdem sieht sie mich nicht gleich, wenn ich mich hinter der Magnolie verstecke. Ich will einfach nur nicht angesprochen werden. Ich will meine Ruhe haben und mir überlegen, was ich mache, wenn dieser Rainer sich am Wochenende bei Berensteins wieder an Rita ranmacht. Ob ich so tun soll, als wäre das für mich vollkommen in Ordnung? Oder ob ich ihm einen subtilen Hinweis geben soll, dass es sich bei seiner Sehnsuchtsdame um meine Ehefrau handelt? Und dann? Dann lacht er, weil für jeden in der Siedlung klar ist, dass zwischen Rita und mir seit Jahren nichts mehr läuft. Was soll also die Aufregung? Ich könnte ja auch froh darüber sein! Warum hake ich meine Frau nicht einfach ab? Zu solch einer zwischenmenschlichen Ignoranz wurde ich nicht erzogen! Ich wurde dazu erzogen, Behinderte zu verstehen und zu unterstützen.

Vielleicht kommt Rainer ja auch gar nicht zum Vorspiel. Neulich bei der Choraufführung im Gemeindehaus war er auch nicht dabei, als seine große Tochter Constanze die Arie der Tosca so eindrucksvoll interpretiert hat. Dieser Rainer verpasst wirklich eine ganze Menge. Tendenziell verbringt er seine Wochenenden lieber im Büro. Mit diesem Selbstverständnis, mit dem er auch Rita angesprochen hat. Woher hat er dieses Selbstverständnis? Ist es das Resultat einer patriarchalen Erziehung? Hat er sich das antrainiert, oder ist das genetisch bedingt?

Sollte ich mir irgendeinen Ratgeber besorgen, in dem steht, wie ich als aufgeklärter Mann mein Selbstwertgefühl behalte? Ein zeitgenössisches philosophisches Werk über den Zustand der Männlichkeit in der Gegenwart? Beschäftigt sich irgendjemand da draußen mit der Frage, was es heißt, heute ein Mann zu sein? Außer mir scheint das noch niemandem so richtig klar zu sein, aber das Patriarchat befindet sich in einer heftigen Krise. In einer ganz, ganz heftigen Krise. Im Grunde genommen bin ich Rainer schon einen

Schritt voraus, er versucht noch, an dem alten Männerbild festzuhalten. Er verteidigt es. Aber eigentlich befindet er sich mitten im Totentaumel. Im Todeskampf. *Das Spiel ist aus* – wie Sartre sagt. Er muss es wissen, mit dieser verkopften Emanze Simone de Beauvoir an der Backe, die allerdings versucht, männlicher zu sein als jeder Mann. Zumindest, was ihre intellektuellen Denkstrukturen anbelangt. So kann das zwischen Mann und Frau nie was werden. Es gibt nicht umsonst zwei Geschlechter, die in ihrer jeweiligen Einzigartigkeit zusammen ein Ganzes ergeben sollen. Wie Yin und Yang. Die passen doch fabelhaft ineinander.

Ich bin schon wieder raus aus dem Missverständnis, dass Mann und Frau sich bekämpfen müssen – bei mir ist es meine Frau, die noch hinterherhinkt, die es attraktiv findet, gegen den Patriarchen anzukämpfen, weil er sich so schön unbeugsam im Widerstand gegen den Zeitenlauf befindet. Das macht sie heiß. Weil er halsstarrig weiterhin nach diesem eindimensionalen archaischen Motiv vorgeht und sich grabscht, was ihm angeblich zusteht. Rita wird sich noch umgucken. Sie wird sich gewaltig umgucken, wenn sie sich in die Hände von diesem Rainer begibt. Dann wird sie hoffen, dass ich sie zurücknehme. Ihr »lascher« Ehemann. In ihr Virginia-Woolf-inspiriertes Zuhause. In dem sie sein darf, wie und wer sie will. Sie kennt den Unterschied zwischen »lasch« und »fortschrittlich« eben nicht.

Wenn man, so wie ich, beruflich in Arabien zu tun hat, dann sieht man unsere westliche Welt ganz anders. Dankbarkeit. Freiheit. Gleichberechtigung. Treue. All diese Begriffe bekommen einen ganz neuen Reiz. Einen ganz eigenen Klang. Da brauchst du gar keine Simone de Beauvoir mehr, die dir beibiegen will, wie es zwischen Mann und Frau theoretisch laufen sollte. Aber wenn ich dann mal anfange, Rita von meinen Besuchen dort zu erzählen, will sie davon nichts hören. Was denkt sie? Dass mich das nicht beschäftigt, was ich da erlebe? Denkt sie, sie kann mir einfach so verbieten, darüber zu sprechen? Ich denke, ich werde mich demnächst mal zu Johannes ins Zimmer setzen und ihm von dieser fernen Welt erzählen. Von Mann zu Mann.

RITA

Zwei Männer sind im Haus. Zwei Männer! Und keiner von beiden hilft mir, die Kisten in den Keller zu tragen! »Johannes!« Ich stelle die Kisten im Flur ab. Ich rufe: »Johannes!« Er rührt sich nicht. Bleibt einfach in seinem Zimmer. Als würde er mich nicht hören. Liegt wahrscheinlich gerade wieder auf seinem ungemachten Bett, mit diesen riesigen Kopfhörern auf den Ohren, und hört seine absurde Musik. Keine Ahnung, wo er die herhat. Von mir jedenfalls nicht. Der Junge wird mir ein bisschen zu eigenständig. Ich steige die kleine Treppe hinauf und stoße die Tür zu seinem Zimmer auf.

»Was machst du da?« Ich starre auf meinen Sohn hinunter, der mit nacktem Oberkörper bäuchlings auf seinem Teppich liegt.

»Kannst du nicht mal anklopfen?« Erschrocken wirft er sich herum.

»Was tust du da?«

»Wonach sieht's denn aus?« Mein schlaksiger Sohn springt auf, halbnackt, und starrt mich wütend durch seine Brillengläser an.

»Keine Ahnung. Wolltest du auf dem Teppich schlafen?«

»Lass mich einfach in Ruhe.« Johannes greift nach seinem Polohemd, das auf seinem Hochbett liegt, und drängt sich an mir vorbei in den Flur. Er ist tatsächlich verschwitzt.

Ich rufe ihm hinterher: »Hast du deine Hausaufgaben gemacht?« Wichtig ist, in Kommunikation zu bleiben.

Johannes geht weiter, durch unser Wohnzimmer hinaus in den Garten. Ich laufe hinterher und stoße meine nackten Zehen an den Umzugskartons, die im Flur herumstehen. »Ich brauche deine Hilfe!«

Ich humple über die Türschwelle und bleibe auf den Waschbetonplatten stehen, als ich auch noch Georg hinter der Magnolie entdecke, direkt neben dem Komposthaufen. »Was tust du da?«

Er zuckt mit den Schultern. »Essen?«

»Neben dem Komposthaufen?«

»Ich dachte, das sei der passende Ort für mich.« Georg kommt hinter der Magnolie hervor, steigt über den violetten Lavendel und ich sehe, wie er Johannes angrinst, der neben dem Lavendel stehen geblieben ist und sich sein Poloshirt überzieht. Mir reicht's. So lächerlich finden sie mich also. Ich drehe mich um, gehe zurück durch den Flur, um am anderen Ende unser Haus durch die Vordertür zu verlassen, am blühenden Ginster vorbei. Es duftet nach Honig. Die Bienen summen. Ich laufe durch die Siedlung. Über mir ist dieser Himmel. Dieser Himmel, der mir zusieht, aber mir nicht hilft in meiner ganzen Ausweglosigkeit. Ich laufe über die roten Backsteine. Meine Clogs machen klack. Klack. Klack. Ich will nicht mehr. Ich hab die Nase voll. Ich fühle mich fremd in meinem eigenen Zuhause. Ausgelutscht. Ich biege um die Ecke, laufe den Weg zwischen den roten Backsteinwänden hinunter, bis ich vor Ullas weiß lackierter Haustür stehen bleibe. Ich will nur, dass sie mir sagt, dass es mich noch gibt. Gut, unser letztes Treffen war nicht sonderlich erfreulich. Eher verletzend. Im Schrebergarten, zwischen all dem Gemüse. Ich war in Gewinnerstimmung. Es war nicht okay von mir, Ulla von Rainers Anmache zu erzählen. Aber wer bin ich, über mich zu urteilen?

Ich bin eine Lernende. Eine, die es in Zukunft besser machen will. Für genau solche Einsichten sind Fehler notwendig. Fehler gehören zum Leben. Um immer bewusster zu werden. Und das Verzeihen von Fehlern. Verzeihen ist ein ganz zentrales Thema. Jesus wusste davon. Vergib ihnen, denn sie wissen nicht, was sie tun. Vergib mir, denn ich weiß nicht, was ich tue. Warum sollten diese *Sieben letzten Worte* nur für James Dean und Natalie Wood gelten? Gelten sie nicht für alle, die reifen wollen?

Mein Herz klopft. Ist es schon wieder ein Fehler, jetzt an dieser Haustür zu klingeln und Ulla um Vergebung zu bitten? Oder ist es gut? Woher soll ich das wissen? Ich will nur bei ihr sein. Ich habe Angst vor ihrer Reaktion. Und ob ich ihr ihre Reaktion wiederum vergeben kann – wer weiß das schon?

In diesem Kreislauf aus Vergebung und Vergeltung sind Ulla und ich seit Jahren gefangen. Aber es gehören immer zwei dazu. Versuchen wir doch, es an diesem frühen Nachmittag besser zu machen, uns nicht misszuverstehen, an diesem Nachmittag, an dem die Amseln so verheißungsvoll zwitschern, als würden sie uns ihren Segen geben. Wie hat es dieser Autor von *Ganz entspannt im Hier und Jetzt* neulich in einem Fernsehinterview so treffend formuliert? »Wir sind alle Vierjährige, die durch ihre Umwelt programmiert wurden und nicht wissen, was sie tun.«

Ulla und ich sind Kriegskinder. Im Krieg geboren. Wir kennen nichts anderes als Krieg. Abwehr. Schutz. Rückzug. Verrat. Woher sollen wir wissen, was richtig ist? Das, was wir als Kinder beigebracht bekommen haben. Oder das, wonach wir uns als intellektuelle Frauen sehnen? Sehen wir meinen erneuten Versuch, mich ihr zu nähern, als mutigen Schritt aus unser beider kindlichen Konditionierungen heraus. Als Befreiungsschlag. Oder Friedensbotschaft, wenn man so will. Wie dieser hellblaue Greenpeace-Aufkleber mit weißer Taube, mit dem neuerdings alle auf ihren Autos herumfahren. Dafür ist der blaue Himmel über mir. Damit eine weiße Taube ihn kreuzen kann. Wir verabschieden uns gemeinsam von unserer Kindheit und der Kindheit unserer Kinder. Um frei zu sein.

Die Tür geht auf. Lexchen steht da und grinst. Sie reicht mir gerade mal bis zur Hüfte. Ihr rotes Haar steht nach allen Seiten ab und die Sommersprossen auf ihrer Nase scheinen zu tanzen. »Hallo, Rita.«

Ich hatte eher auf Ulla gehofft, um nicht aus dem Konzept zu geraten. »Ist deine Mutter da?«

»Ja, komm rein.« Lexchen zieht die Tür auf und alles ist schon ganz anders, als ich es mir vorgestellt habe. Ich muss aufpassen, dass ich in positiver Grundstimmung bleibe. Lexchen läuft voran durch den dämmrigen Flur, durchs

Wohnzimmer, weiter Richtung Garten, wo Ulla auf der Bank am Gartentisch unter den tief hängenden Ästen der Akazie sitzt und mir durch die großen Fensterscheiben entgegensieht, ohne zu erkennen, dass ich es bin. Lexchen hüpft über die Schwelle und macht so eine präsentierende Geste, als wäre sie ein Zirkusdirektor und ich der Elefant, der auf einem riesigen Ball in die Manege gerollt kommt.

Ulla steht erschrocken auf. »Was willst du denn hier?«

Sie sieht richtig aufgebracht aus. So habe ich sie noch nie erlebt. Offenbar hat sie mir meinen wohlmeinenden Beicht-Auftritt im Schrebergarten noch nicht vergeben. Lexchen guckt mich auch ganz interessiert an. Was soll ich sagen? Vor diesem Kind mit seinen Sensorohren kann ich nicht offen sprechen. Es hat diese riesigen interessierten, grünen Augen, in denen ich sofort anfange zu schwimmen.

»Du hast ein wunderschönes Armband um«, sagt Lexchen mit einem gewissen Erstaunen in der Stimme. Mit ihren Händchen greift sie um mein Handgelenk und betrachtet mein goldenes Armband, das mir meine Mutter zur Konfirmation geschenkt hat. Sie flötet begeistert: »Es sieht so zart aus. Wie von einer Elfe.«

Und schon fühle ich mich, als hätte ich das Armband einer Elfe geklaut. Denn ich bin definitiv keine Elfe. Und das weiß dieses Lexchen. Dennoch strahlt sie mich freundlich von unten an, mit diesen neuen Schneidezähnen. Keine Ahnung, was sie damit erreichen möchte.

Ulla kommt hinter dem Tisch hervor und streicht diesem Wunderwesen der Natur über die Haare, um es mit ihrer Liebe vollzutanken. »Lexchen, kannst du Cotsch bitte sagen, dass sie gleich zur Flötenstunde muss?«

Der rothaarige Kopf nickt und flitzt zurück ins Haus. Ich mache ein paar vorsichtige Schritte auf Ulla zu. »Ich brauche dich«, flüstere ich. Über mir wogen die blätterbepackten Äste, die Sonne reflektiert auf den blinkenden Blättchen. Ein paar davon segeln auf uns nieder. Ich streiche Ulla über die Schulter. »Du bist so hübsch.« Eine Taube flattert tatsächlich in den Himmel. Ich höre ihre schweren Schwingen, die über uns gegen die Blätter schlagen, und noch ein paar mehr segeln auf mich und Ulla herunter und bleiben auf unseren Haaren liegen. Ulla sieht mich an. Hinter ihr steht der alte Holztisch. Darauf eine getöpferte Vase mit orangenen Ringelblumen. Zwischen unseren Füßen haben wir einige faustgroße Steine von der Nordsee, die Rainer zur Dekoration auf den Backsteinboden gelegt hat.

»Wozu brauchst du mich?« Ihre Stimme klingt ein wenig brüchig. Was bedeutet, emotional kann sie sich mir nicht entziehen. Wie schön sie in ihrem karierten Männerhemd ist. Wie schön ihr Gesicht ist. Ihre kräftigen Hände. Alles an ihr ist so kräftig.

ULLA

Ich will nichts mehr mit dieser Frau zu tun haben. Nie wieder. Ich darf nicht verdrängen, dass sie mir wehgetan hat. Immer und immer wieder hat sie mich herabgewürdigt, wenn ich *down* war und ihren Trost brauchte. Um sich über mich zu erheben. Sie hat behauptet, dass ich selbst schuld an Rainers Wut bin. Und dann kommt sie auch noch in den Schrebergarten, um mir mit vorgespielter Besorgnis zu berichten, dass mein Mann mit ihr schlafen will! Dazu dieses versteckte triumphale Lächeln. Das Lächeln hat mir einen Stich versetzt. Sie braucht dieses Gefühl, die Oberhand zu haben. Und jetzt taucht sie hier auf, mit ihrer Leinenbluse, deren Ausschnitt ihren halben BH freilegt, ihrem goldenen Armband, und tut bedürftig. Wozu? Ich darf mich nicht in die nächste Falle locken lassen. Diese Frau ist voller Fallen, in die man kopfüber hineinstürzt, wenn man nicht aufpasst. Ich sehe sie abwartend an. Sie streicht sich ihren langen Pony rechts und links aus der Stirn, und ich sehe, dass ihre Hände ganz leicht zittern.

»Ich dachte, wir könnten zusammen ein paar Kartons in den Keller bringen.«

Wir könnten ein paar Kartons in den Keller bringen? Sag ich's nicht? Sie braucht nicht mich, sondern meine Hilfe. Für ein paar Kartons! Wie oft hat sie meinen Hunger nach echter Freundschaft ausgenutzt? Ständig! Über all die Jahre hat sie mich und meine Gutmütigkeit so weit gebracht, ihr irgendwie zur Hand zu gehen. Ich dachte, wenn ich nicht das tue, worum sie mich bittet, wenn ich ihr nicht das gebe, was sie braucht, mag sie mich nicht mehr. Dann verliere ich sie als Freundin. Aber sie ist keine Freundin. Sie ist eine Verräterin, die auf ihren Vorteil bedacht ist. Ich sehe sie nur an. Direkt in ihre hellblauen Augen. Und es gibt etwas, das mich noch viel sprachloser macht. Viel sprachloser als die Tatsache, dass mein Mann offenbar mit dieser Frau schlafen will! Warum fragt sie nicht ihren Mann, wenn sie jemanden zum Kartonsschleppen braucht? Hat der keine Hände?

RITA

Ullas schöne, grüne Augen. Tiefe, grüne Augen. Liebliche, tiefe, grüne Augen. Warum darf ich nicht in ihrem Atem wohnen? Mich in dieser gütigen Wärme schlafen legen wie in einem weichen Vogelnest, ausgekleidet mit luftigem Federflaum?

ULLA

Ich ziehe die Augenbrauen hoch. In der Hoffnung, dass sie bemerkt, dass sich in mir gerade ein Schalter umgelegt hat.

RITA

Über uns rauschen die schweren Äste. Ich, mitten in diesem gestalteten Garten. Nicht größer als unserer, aber so viel besonderer. Eben à la Corbusier. Mit unterschiedlichen Ebenen. Elefantengras. Einer Sitzgrube aus Eisenbahnbohlen. Auf der obersten Ebene ein Sandkasten für die Mädchen, umgeben von violetten Hyazinthen. Dahinter die Johannisbeersträucher und Kletterrosen. Das Schuppendach ist mit einem blühenden Berg aus Knöterich bewachsen. »Ich …«

Mein Blick fliegt über die flirrende Vegetation zurück zu Ullas grünen Augen. »Ich habe Klaras Puppen und andere Spielsachen zusammengepackt und ich dachte, wir können sie gemeinsam in unseren Keller bringen. Gemeinsam Abschied von der Kindheit unserer Kinder nehmen. Damit es nicht so weh tut.«

Ulla sieht mich entsetzt an, als hätte ich ihr gestanden, dass ich einen Mord plane. Über unsere Köpfe fliegt ein Düsenjäger hinweg und vorbei ist es mit der Idylle.

ULLA

Ich werde nie Abschied von der Kindheit meiner Kinder nehmen. Niemals. Was ist das denn für eine idiotische Idee? Und Rita braucht nicht so zu tun, als hätte sie bei dieser Angelegenheit meine Hilfe nötig. Nichts hat sie mehr herbeigesehnt als das Ende der Kindheit ihrer Kinder. Weil sie die Kindheit hasst. Sie hasst diese Bedürftigkeit. Die angebliche Unzulänglichkeit. Die Verträumtheit. Die Strukturlosigkeit. Die Ungeschicklichkeit. Die Fröhlichkeit. Die Fantasie. Das Leuchten. Das Strahlen. Diese geheime Welt, zu der sie niemals Zugang bekommen wird. Weil manipulative Menschen niemals von der Lieblichkeit, der Unschuld, der Grenzenlosigkeit wissen können. Sie wollen diese kindliche Welt vernichten, weil sie ihnen Ärger und Umstände macht. Und ich helfe Rita nicht bei ihrem Vernichtungswahn. Denn: Puppen in Kartons zu packen ist nichts anderes als die Vernichtung dieser Welt. Und die treuste Vertreterin dieser unschuldigen Welt kommt gerade durch unser Wohnzimmer gelaufen und springt in ihrer kleinen grünen Latzhose über die Schwelle.

COTSCH

Es stimmt gar nicht, dass eine Frau versucht hat, meine kleine Schwester im Einkaufszentrum zu entführen. Ich habe das nur so gesagt, weil ich wollte, dass Lexchen vorsichtiger ist, wenn ich sie mal nicht beschützen kann. Sie ist zu gutgläubig. Sie denkt, wir Menschen sind alle gut.

LEXCHEN

Ich rufe: »Cotsch geht nie wieder zum Flötenunterricht!« Ich bin die Übermittlerin dieser überraschenden Botschaft. Mama guckt mich versteinert an. So, als hätte sie gar nicht mitbekommen, was ich gesagt habe. Dafür macht Rita ein Gesicht, als fände sie Cotschs Entscheidung ganz wunderbar. Mit einem Mal wirkt sie richtig glücklich. Vielleicht, weil Cotsch dann Klara und Johannes beim Vorspiel nicht die Schau stehlen kann. Cotsch kann nichts dafür! Aber neben ihr werden nun mal alle Kinder unsichtbar. Rita beugt sich zu mir runter. »Warum will Constanze denn nie wieder zum Flötenunterricht? Am Wochenende ist doch das große Vorspiel. Will sie da nicht mitmachen?«

Ich zucke mit den Schultern. »Sie hat einfach keinen Bock mehr darauf.« Die Amseln zwitschern. Die Blätter der Akazie flimmern. Von weit weg höre ich die Kirchturmglocken. Die Sonne fällt heute Nachmittag mit Wucht in unseren kleinen Garten, wärmt die hohen Backsteinmauern und alles ist so lieblich.

Mama sagt tonlos: »Ich rede gleich mal mit ihr.«

Dabei ist ihr Gesicht ganz starr. Ich weiß genau, dass sie bemerkt, wie begeistert Rita ist und sich ihre Kinder im tosenden Applaus der Nachbarn vorstellt, wenn am Wochenende bei Berensteins musiziert wird. Ich sage: »Cotsch sagt, sie hasst Berensteins!«

Ich weiß, dass ich so was nicht sagen soll, weil Rita die Nachricht gleich in die Siedlung hinausposaunt, und dann kriegt Mama Probleme mit Berensteins und muss sich entschuldigen. Darauf hat Mama keinen Bock. Allerdings befürchte ich, dass Berensteins der Grund sind, warum Cotsch so unglücklich ist. Vielleicht haben sie mit Cotsch geschimpft. Ich mag es nicht, wenn Leute mit meiner großen Schwester schimpfen. Und ich mag es auch nicht, wenn Papa Cotsch eine Backpfeife gibt. Ich mag überhaupt nicht, wenn sich Menschen gegenseitig wehtun. Dafür hat Gott uns nicht erschaffen. Er will, dass wir alle gut zueinander sind. So, wie sein Sohn Jesus gut zu allen Menschen war. Meine Religionslehrerin Frau von Senden sagt: Jesus hat alle geliebt. Sogar die Leute, die ihn ans Kreuz genagelt haben. Um zu zeigen, dass wir alle gleich sind. Jesus lebt in meinem Herzen. Jesus ist mein Vorbild. Das behalte ich allerdings besser für mich, weil die meisten Leute Jesus echt seltsam finden.

Nur in der Kirche ist Jesus für die Leute in Ordnung, weil er da ans Kreuz genagelt hängt. Weil er ihnen da nicht mehr gefährlich werden kann. Die meisten Leute haben Angst vor Jesus, weil er ihnen zeigt, wer sie nicht sind: gute Menschen. Aber ich habe keine Angst vor Jesus. Weil er mein Freund ist. Und es wäre schön, wenn ein paar mehr Leute seine Freundschaft annehmen würden. Zum Beispiel Joschi. Oder Klara. Dann würden sie mich nicht wieder wegschicken, wenn ich zu ihnen komme. Aber Klara hat kein bisschen Ahnung von Jesus und von seiner Güte. Sie ist mehr wie König Herodes, der brutal sein Reich verteidigt hat. Sein Verhalten findet sie wohl viel normaler. Genau wie Rita. Das sehe ich in ihrem Blick. Sie freut sich, dass Klara mit ihrer Geige jetzt ihr ganz persönliches Wunderkind-Reich ausweiten kann, weil Cotsch nicht mehr beim Vorspiel auftauchen wird. Als gäbe es in der Siedlung nur Platz für *ein* besonderes Kind! Mama streicht mir über das Haar und gibt mir einen Kuss.

RITA

Ich muss aufpassen, dass ich nicht weine. Ulla wird sich nie von der Kindheit ihrer Kinder verabschieden. Sie badet förmlich in ihrer Mutterliebe. Sie versteht gar nicht, warum ich hier bin. Wozu ich bereit bin, damit wir noch einmal neu anfangen können. Sie erkennt nicht, was ich gerade brauche. Uns beide. Unabhängig und frei. Immerhin kann ich Ulla schnell ein schlechtes Gewissen machen, um nicht vollkommen nackt dazustehen. Das wirkt immer bei ihr. »Gut. Ich sehe, du hast gerade andere Probleme zu lösen, als mir zu helfen.«

Ich trete über die Schwelle ins Wohnzimmer und gehe schnurstracks durch dieses wunderbar kultivierte Wohnzimmer, das von zwei Denkern eingerichtet wurde. Von zwei Ästheten. Von zwei Leuten, die sich eigentlich lieben, aber mit dieser Liebe nicht umgehen können, weil sie Angst vor der Gewaltigkeit der Abhängigkeiten zwischen Mann und Frau haben – oder vor was auch immer. Doch aus der gesamten Einrichtung spricht Liebe. Familie. Ewigkeit. Vielleicht ist es ihnen selbst nicht so klar, aber ich werde eifersüchtig, wenn ich diese gemeinsam gefüllten Bücherregale sehe, die bis zur Decke reichen. Das schöne Kirschholz, die Ledersofas, den dicken Teppich, die Gips-Plastiken, die Ulla und Rainer während ihres gemeinsamen Studiums gemacht haben und jetzt zur Ansicht auf den Borden aufgestellt haben. Die gemeinsam ausgesuchten Kunstdrucke, die gerahmt über den Sofas, über dem Esstisch hängen und von gemeinsam gemachten Museumsbesuchen erzählen. Georges Braque. Picasso. Lichtenstein. Mir ist das allerdings etwas zu poppig.

Auf dem Tisch steht eine getöpferte Schale mit zwei Äpfeln und einer Banane, als würde hier gleich Man Ray klingeln, um ein Stillleben daraus zu machen. Wie bekommt Ulla es als berufstätige Frau mit zwei Kindern hin, dass es hier so aufgeräumt ist? Dabei hat sie nicht mal, wie die meisten anderen Frauen in der Siedlung, eine Putzfrau! Sie folgt mir durchs Wohnzimmer und um uns herum springt das kleine Lexchen und fragt: »Ist Klara gerade bei Joschi?«

Ich drehe mich um, als hätte sie mir in die Hacken getreten: »Wo soll sie sonst sein?« Ich sage es ein klein wenig böse. Und Lexchen bleibt augenblicklich stehen. Sie sieht mir hinterher, während ich durch den Flur, die paar Stufen hinauf zur Haustür gehe. Ich weiß, was Ulla gleich sagen wird.

ULLA

»Ich kann dir ja später mit den Kartons helfen, wenn du magst!«

RITA

Ich kann mir ein Lächeln nicht verkneifen. Wie berechenbar Ulla doch ist. Nie möchte sie jemanden verärgern, enttäuschen, alleine lassen. Dieses Bedürfnis ist so tief in ihr verankert, dass es jederzeit von mir aktiviert werden kann. Sie ist so leicht zu steuern. Ich drehe mich zu ihr um und lasse meine Stimme noch eine Spur härter klingen: »Das brauchst du nicht. Ist schon gut. Kümmere dich mal besser um deine Kinder. Die scheinen ja etwas durch den Wind zu sein.«

Ich schließe die Haustür hinter Rita. Ich sehe mein kleines Lexchen an. Mitten im dämmrigen Flur. Das Nachmittagslicht kommt von hinten aus dem Garten und lässt ihre Haare wie eine Fackel um ihr Köpfchen lodern. In ihren grünen Latzhosen. Wie ein kleiner Klabautermann. Mein Kind. Umgeben von kostbarster Kindheit. Ich frage: »Hat Cotsch gesagt, warum sie nie wieder zur Flötenstunde will?«

Warum frage ich das? Als würde ich die entsetzliche Antwort nicht kennen. Automatismen. Lauter Automatismen, um mich zu sortieren. Um zu verstehen, was hier überhaupt vor sich geht. Was ich als Mutter tun sollte. Will ich nicht sogar Lexchens Einschätzung hören, was das Richtige wäre? Weiß ich das nicht selbst? Als sei ich das Kind und sie die Erwachsene. Lexchen hat eben manchmal diesen hellsichtigen Blick. Dieses Gespür für richtig und falsch. Ich klopfe und drücke die Klinke von Cotschs Zimmertür herunter. Ich sehe zu ihr herein. Sie sitzt auf der blau-weiß gestreiften Bettüberdecke, die Augen verquollen. Das dunkle Haar wirr. Ich höre mich tatsächlich fragen: »Willst du wirklich nicht mehr zur Flötenstunde gehen? Aber das wäre doch so schade! Du kannst das doch so gut!« So, als hätte ich immer wieder nur diese formatierten Sätze zur Verfügung, die mich davon abhalten, als Mutter Verantwortung zu übernehmen. Wer, außer mir selbst, soll mir erlauben, meine Kinder zu verteidigen?

Ist das eigentlich eine Krankheit, dass Mama nicht aus ihren Abläufen rauskommt? Merkt sie das überhaupt? Ich gucke sie nur an. Und zum ersten Mal in meinem Leben lasse ich jemanden bis tief in meine Seele blicken. Ich öffne das Schwarz meiner Augen für meine Mutter. Damit sie weiß, wie zerstört es in mir aussieht. Damit sie aus ihren immer gleichen Abläufen herauskommt, damit sie zu sich kommt. Nach all den Jahren des grauenhaften Schlummerschlafes. Ich hypnotisiere sie geradezu. Sie steht in der offenen Tür, Lexchen quetscht sich von hinten an ihr vorbei, setzt sich zu mir aufs Bett und meine Mutter soll endlich dafür sorgen, dass ich nicht weiter verletzt werde. Dass mir nicht weiter wehgetan wird. Dass ich nicht wieder und wieder als Freiheitskämpferin in den Krieg ziehen muss. Sieht sie nicht, dass ich längst gefesselt auf dem Scheiterhaufen ihrer gesammelten Versäumnisse stehe? Mama hebt stumm das nasse Duschhandtuch auf, das auf dem Teppich liegt, und geht damit raus. Ich habe keine Kraft mehr zu schreien. Zu toben. Gegen die Zimmerwände zu treten. Meine Augen brennen. In mir brennt alles. Ich lege meinen Kopf auf Lexchens Schoß und flüstere mit geschlossenen Augen: »Ich brenne.«

Offenbar komme ich jetzt in das Alter, in dem man gerne mal spazieren geht. In dem man auf sein Leben zurückblickt und seine Herkunft hinterfragt. Es ist magisch, aber die Siedlung, in der ich aufgewachsen bin, wirkt heute ganz anders auf mich. Die Mauern. Die roten Backsteine. Die Wege. Die Büsche und Bäume. Das Moos zwischen den Steinen. Wunderschön und überraschend. Meinen Vater finde ich auch überraschend. Ich habe mir nie Gedanken über ihn gemacht – habe ihn immer durch die Augen meiner Mutter gesehen. Als jemanden, der blass ist, der unter Reizhustenanfällen leidet und ansonsten nichts zu sagen hat. Der nervt. Doch heute, muss ich sagen, ist mein Vater für mich zum *kind warrior* geworden. Wie er sich seinen Raum sucht, um in Frieden zu sein. Ganz cool. Stellt sich einfach neben den Komposthaufen, um sein Knäckebrot zu genießen. Das ist wahre Unabhängigkeit. Er muss nichts beweisen, nicht recht haben. Nicht den großen Zampano spielen. Er braucht nur ein Knäckebrot, zwanzig Quadratzentimeter Garten. Fertig ist sein Glück.

Ich denke, ich sollte mich mehr mit meinem Vater beschäftigen. Er war immer neben mir. Immer im Zimmer gegenüber. Still. Erhaben. Mit seinem Asthmaspray auf dem Tisch. Im Hintergrund seine Fototapete mit einem Stück Wald. Kein böses Wort. Ein gütiges Gesicht. Ich meine, ich sollte ihm wirklich mal sagen, was für ein krasser Kerl er ist. Ich will jetzt nicht übertreiben oder einen auf tränenrührig machen, aber es ist an der Zeit, dass ich mir vor Augen führe, wie selbstlos mein Vater sich um seinen behinderten Bruder kümmert.

Friedhelm kommt uns manchmal besuchen und er hat sich und seine Körperfunktionen null unter Kontrolle, aber meinen Vater stört das nicht im Geringsten. Er lässt seinen Bruder selbstverständlich auf seinem Lounge-Sessel sitzen und alles vollsabbern. Klingt fast ein bisschen snobby – als könnten wir uns jederzeit einen neuen leisten. Aber so ist es nicht. Meinem Vater ist sein Lounge-Sessel scheißegal, Hauptsache, sein Bruder sitzt bequem.

Es ist faszinierend, dass meine Mutter gar nicht schnallt, was für einen Märtyrer sie geheiratet hat – aber okay, auch bei Jesus hatten einige Leute echte Probleme, sein wahres Wesen zu erkennen. Bis heute. Die Welt spaltet sich eben in zwei Parteien. In die Sehenden und die Blinden. Und vielleicht hat Jesus in Wahrheit gar nicht die Blinden geheilt, sodass sie mit ihren Augen sehen konnten. Womöglich ist der ganze Bibelscheiß eine einzige fette Metapher für das innere Erkennen. Also, dass das Herz oder was auch immer plötzlich die Unschuld erkennt. Die Schönheit und Liebe. Scheiße! Ich erkenne gerade! Überall diese unfassbare Schönheit. Und das liegt alles an Constanze. Sie macht, dass ich sehen kann.

Cotsch will jetzt mal ein bisschen schlafen. Mitten am Tag! Keine Ahnung, was ihr genau passiert ist. Ich komme nicht dahinter. Sie sagt es mir nicht. Sie meint: »Das verstehst du noch nicht!« Ich schätze, das war kein Fahrradunfall. Oder irgendein Querflöten-Ärger mit Berensteins. Das war ein Mensch, der meiner Schwester das angetan hat.

Weil ich nicht weiß, was ich machen soll, laufe ich den schmalen Gang zu Joschi hinunter, unter dem ganzen knallgelben Goldregen hindurch. Alle denken, dass man meine Schwester nicht verletzen kann. Dass ihr nichts wehtut. Aber das stimmt nicht. Sie ist die Verletzlichste von uns allen. Deswegen ist sie ja auch immer sofort bereit zu kämpfen. Damit niemand sie verletzt, und Cotschi hasst es auch echt richtig, wenn mich jemand verletzt. Das hält sie kaum aus.

Es ist später Nachmittag. Mein Schmerz ist ihr Schmerz. Meine Schwester würde jeden töten, der mir etwas tut. Ich weiß es. Sie hat es nie gesagt, aber das muss sie auch nicht. Weil Geschwister untereinander so etwas spüren. Ich laufe zu Joschi. Um mal zu gucken, ob Klara noch bei ihm ist. Ich könnte niemanden ermorden. Ich habe nicht diese Wut in mir. Irgendwie kenne ich gar keine Wut. Ich kann mich auch nicht wehren. Letzten Sommer sind wir mit Trinus, der wohnt genau gegenüber, auf der anderen Seite von unserem Gartenhof, durch die Gänge gelaufen und Trinus hat ein paar Stinkbomben und Böller über die Gartentüren von unseren Nachbarn geworfen. So einen Kram hat er immer in seinen Hosentaschen und alle halten ihn für richtig schwer erziehbar und machen sich Sorgen, dass aus ihm nie etwas werden wird, weil er vermutlich schon bald ins Gefängnis kommt. Cotsch hat auch so ihre Probleme mit ihm, was aber eher daran liegt, dass Cotsch mit fast jedem Probleme hat, der sich ihr gegenüber nicht angemessen verhält. Jedenfalls waren wir in der Siedlung unterwegs und sind dann rüber zum Einkaufszentrum bei den Hochhäusern.

Da standen so ein paar größere Mädchen und haben sich mit einer Drahtbürste ihre langen Haare gekämmt. Voll seltsam. Standen neben dem Kiosk und haben sich ihre Haare gebürstet und Zigaretten geraucht. Trinus hat sie mit Steinen beworfen. Er kann richtig gut zielen und werfen. Der hat die Mädchen natürlich getroffen und die sind ziemlich sauer geworden. Cotsch und Trinus sind sofort losgerannt. Die beiden können schnell rennen. Aber ich kann gar nicht schnell laufen. Ich mag auch nicht auf der Flucht sein. Also habe ich mich gleich auf den Boden gelegt und gefleht: »Bitte, bitte, tut mir nichts!« So wie Mama, neulich bei Papa mit dem Tablett.

Die Mädchen standen über mir, ihre frisch gebürsteten Haare hingen wie Vorhänge herunter und sie haben alle gesagt: »Dieses Mal lassen wir dich noch mal davonkommen!« Anschließend haben sie mir sogar beim Aufstehen geholfen und waren eigentlich total nett. Ich werde nie weglaufen. Nie kämpfen. Ich werde mich immer gleich ergeben.

Ich renne quer über den Gartenhof, unter den Bäumen mit den Vogelbeeren hindurch, in den nächsten, den dunkelsten Gang der ganzen Siedlung hinein. Der riesige Wacholder von Dornbachs liegt als Dach über den Mauern.

Darunter ist es ganz kalt und schattig. Jetzt nur noch am großen Stein im Vorgarten von Dornbachs vorbei und dann die Stufen zu Joschis Haustür rauf und klingeln.

»Was willst du denn hier?« Keine zehn Sekunden später starrt mich Klara durch den Türspalt an, als würde sie bereits hier wohnen. Ich rieche den Geruch von Joschis Zuhause. Ich sehe den grauen Linoleumboden, über den ich in meinem Leben Millionen Mal gelaufen bin.

»Ich will mit Joschi spielen«, sage ich.

»Er will aber nicht mit dir spielen.« Klara drückt die Tür schon wieder zu.

Aber ich strecke meine Hand aus und drücke die Tür wieder auf. »Warum will Joschi nicht mit mir spielen?«

»Weil du dumm bist.« Klara drückt die Tür von der anderen Seite wieder zu.

Ich drücke sie wieder auf. »Ich will aber zu Joschi.«

»Vergiss es.« Klara drückt die Tür wieder zu. Sie klickt ins Schloss und ich kann sie nicht wieder aufdrücken. Ich knie mich auf den pieksigen Fußabtreter, klappe den Briefschlitz auf und rufe ins Haus hinein: »Joschi! Bist du da?« Ich sehe ihn im dämmrigen Flur stehen. Als so eine Art mickrige Schattengestalt. Er hebt die Hand. Neben ihm Klara, die ihn einfach in sein Zimmer schiebt. Wie eine Entführerin. Ich rufe: »Joschi! Ich bin's, Lexchen! Wollen wir spielen?«

Die Zimmertür fliegt zu. Im Flur ist dämmrige Stille. Ich rieche den Geruch von Joschis Zuhause. In dem ich Millionen Mal war. Da drinnen ist Joschi. Mein allerbester Freund. Ich lasse die Briefklappe fallen und stehe auf. Ich muss aufpassen, dass ich nicht mit voller Wucht gegen die Haustür trete. So wütend bin ich plötzlich.

JOHANNES

Ich wandle auf dem Mittelweg und sehe den schmalen Gang hinunter, über dem die buschigen Äste des Wacholders wie ein gewaltiger Schatten liegen, wie die Schwingen eines gigantischen Greifs – um mal ein Bild aus *Sindbad der Seefahrer* zu bemühen. Gerade in diesem Moment wieselt das kleine Lexchen mit ihren feuerroten Haaren darunter hinweg. Die Hände zu Fäusten geballt. Die Augenbrauen wütend zusammengezogen, rennt sie mir entgegen. Nicht besonders schnell, aber ziemlich entschlossen. Ich stelle mich Lexchen in den Weg und frage: »Na, wohin willst du denn?«

»Ich jogge.« Sie starrt mich wütend an. So wütend, dass ich lachen muss.

»Da gibt's nichts zu lachen!« Sie versucht, wirklich böse auszusehen. Unglaublich niedlich.

»Okay. Entschuldige. Wie geht es deiner Schwester?«

»Schlecht.« Lexchen wirft mir noch einen bösen Blick zu und dann rennt sie weiter. In ihrer kleinen, grünen Latzhose. Um die Kurve.

Warum geht es Constanze schlecht? Oder hat Lexchen das nur gesagt, weil sie so wütend war? Mag sie mich nicht? Bin ich schuld daran, dass es Constanze nicht gut geht? Habe ich etwas falsch gemacht? Bin ich ihr zu nahe getreten? Ich renne hinter Lexchen her – leider auch nicht besonders schnell. Ich bin unmusikalisch und unsportlich. Also genau das Gegenteil von Constanze. Ich hechle hinter Lexchen her, damit ich sie noch erwische, bevor sie wieder in ihrem Haus verschwunden ist. Ich renne den Mittelweg hinunter, total linkisch, ich kann meine Beine gar nicht richtig koordinieren, und dann um die Kurve, um ihr den Weg abzuschneiden. Wie so ein Möchtegern-Kommissar. Da schießt dieses kleine Mädchen auch schon zehn Meter vor mir aus dem nächsten Gang unter dem Goldregen hervor, quer über den Weg, Richtung Haustür. Ich keuche: »He! Warte mal!«

Erschrocken bleibt Lexchen stehen. Mitten auf dem Weg. Um uns herum überall Mauern und flache Dächer. Am Rand der Siedlung wiegen sich die schweren Baumkronen über dem quer stehenden Häuserblock. Ich werde langsamer, damit sie nicht denkt, ich will ihr was tun. Mein Atem brennt in der Lunge, außerdem habe ich Seitenstechen. Vermutlich habe ich die körperliche Beeinträchtigung von Onkel Friedhelm geerbt. Ist okay. Ist alles okay. Solange ich nicht schuld daran bin, dass es Constanze schlecht geht. Ich rufe: »Was ist mit deiner Schwester?«

Lexchen sieht mir mit großen Augen entgegen. »Weiß ich nicht. Sagt sie mir nicht. Jemand hat ihr wehgetan.«

»Wer?« Ich bleibe vor ihr stehen und muss mich kurz durchstrecken, um wieder zu Atem zu kommen. Meine Fitness ist echt erbärmlich.

»Keine Ahnung. Sie kam aus der Schule und hat geweint.«

Dann kann ich es nicht gewesen sein. Ich habe Constanze in der Schule ja gar nicht gesehen. Nur ihr Fahrrad. Ich räuspere mich. Es ist, als würde alles um mich herum ins Schleudern geraten. »Kannst du deiner Schwester sagen, dass ich hier draußen bin?«

Lexchen guckt mich intensiv an. Aber ich sehe, dass sie mich mag. Sie grinst ganz leicht und nickt. »Mache ich.«

Sie klingelt und ich gehe schnell Richtung Straße, um jetzt nicht mit Ulla reden zu müssen. Immer diese geheimen Treffen oben im Zimmer meiner Mutter. Ich will gar nicht wissen, was da zwischen den beiden läuft. Ich gehe ein bisschen auf und ab und mein Herz hämmert. Die Sonne brennt runter und ich lehne mich besser unauffällig an die Mauer, in den Schatten. Über mir, in so einem komischen Baum, dessen dürre Äste aus dem Nachbargarten über die Mauer ragen, zwitschern die Amseln. Vor mir auf den Backsteinen landet ein Kohlweißling und zittert mit seinen Flügeln. Vorsichtig gehe ich in die Knie, um ihn nicht zu verjagen. Wenn ich mich nicht täusche, ist sein Flügel minimal verletzt. Wie eine zarte, gerissene Rosenblüte. *Zerfasern kann fliegen*. Mein lyrisches Ich gibt ihm diesen Namen.

Im Augenwinkel sehe ich, dass jemand an den Vorgärten entlang auf mich zukommt. Ich drehe meinen Kopf. Stehe langsam auf. *Zerfasern kann fliegen* erhebt sich weiß und flügelschlagend mit mir in den hellblauen Himmel hinauf. Es ist Constanze. Mit ihren langen, gebräunten nackten Beinen. Kurzen Hosen. Einer lachsfarbenen Bluse, mit hochgekrempelten Ärmeln und verquollenem Gesicht. Ich stecke die Hände in die Hosentaschen. Obwohl ich Constanze lieber in den Arm nehmen will. Ihre Beine sind voller Schrammen und Kratzer. Ihre Arme auch. Was ist das da an ihrem Hals? Sie schreitet nicht wie sonst, anmutig. Sie humpelt. Immer noch aufrecht, aber irgendwie ohne Kraft.

»Geht es dir nicht gut?«

Sie zuckt mit den Schultern. In ihre Augen quellen Tränen und stürzen sich die geröteten Wangen hinunter. Sie schluckt und steckt auch ihre Hände in die Hosentaschen.

Ihre Unterarme sind furchtbar zerkratzt. Scheiße! Ihre Bluse ist viel weiter zugeknöpft als sonst. Hinter ihr taucht Ulla plötzlich mit Lexchen aus den Büschen auf, die rund um ihren Hauseingang wachsen. In ausgewaschenem T-Shirt und ihren Männerjeans. Sie ruft: »Constanze? Alles in Ordnung?« Aber als sie mich sieht, hebt sie nur kurz die Hand und verschwindet wieder im Haus.

Ich lächle hilflos. Meine Stimme klingt bekloppt, als ich noch mal nachfrage: »Ist etwas passiert?«

Constanze presst die Lippen zusammen und schüttelt den Kopf. Immer mehr Tränen quellen aus ihren Augen und dann, bevor ich überhaupt die Hände aus den Hosentaschen kriege, weint sie richtig. Sie weint so heftig, dass sie sich ihre Hände vors Gesicht schlägt, und in diesem Augenblick schlinge ich meine Arme um sie. Ich fühle ihr Gesicht an meinem Hals. Ich fühle die warmen Tränen in meinem Poloshirt versickern. Ihr Atmen. Ihr Zittern. Ihre Arme, wie sie sich an mir festklammern. Noch nie war ich einem Menschen so nah. Nicht mal bei meiner Geburt. So zärtlich liebend nah. So vollkommen. In der Verschmelzung mit einem anderen Menschen, der sich mir und meiner Lebensstärke anvertraut. Der mich möchte. Der mich mag. Der dankbar ist, dass ich geboren wurde. Der auf der Welt ist, um bei mir zu sein. Für den ich auf der Welt bin, um bei ihm zu sein. Bei ihr.

Bei Constanze.

Ich halte dieses Mädchen. Das ich seit meiner Kindheit kenne. Von dem ich nicht viel weiß. Dessen Geruch ich rieche. Dessen Wärme ich fühle. Ihr Herzschlag ist in meinem Brustkorb, als wäre es meiner. Um unsere wirren Köpfe flattert *Zerfasern kann fliegen*. Der verletzte Kohlweißling. Ich flüstere in ihr Ohr: »Was ist denn passiert?«

Sie zuckt mit den Schultern. Schüttelt den Kopf. Ich höre sie schluchzen. Fühle ihren Körper, von kleinen Krämpfen geschüttelt, so, als würde sie am liebsten wegsacken wollen.

»Sag's mir doch.« Ich flüstere immer weiter direkt in ihr Ohr. Und wer einmal in ein geliebtes Ohr geflüstert hat, weiß, dass es nichts Schöneres, nichts Erfüllenderes, nichts Feineres gibt. Ich streiche über ihr Haar. Es ist, als wäre ich der Schöpfer all meiner Empfindungen. »Komm!« Ich greife nach ihrer Hand. Ich ziehe sie mit mir. »Wir setzen uns auf den Bürgersteig und du erzählst mir alles.«

RAINER

Durch die Windschutzscheibe sieht die Straße so ruhig aus. So friedlich. So, als würde sie gar nichts von mir wollen. Als läge der Asphalt rund um die Siedlung, damit ich auf ihm mühelos hinweggleiten kann, so, wie ich am liebsten mühelos durch mein Leben gleiten würde. Ohne ständig aufgehalten zu werden, von irgendwelchen Menschen, die mit ihrem Leben nicht zurechtkommen. Ständig sehen die Leute irgendwo Probleme, wo gar keine sind. Als würden sie sich ohne Probleme nicht spüren. Als wären sie ständig auf der Suche nach dem nächsten unlösbaren Unglück. Meine Frau ist ja eine der treusten Vertreterinnen dieser Methode.

Ständig dieses angsterfüllte Gesicht. Die zusammengepressten Lippen. Ihr schockgeweiteter Blick. Schon morgens, wenn ich die Augen aufmache. Sofort dieser Blick. Als wäre ich ein Monster. Als wäre es eine Strafe, mit mir verheiratet zu sein. Sieht sie nicht, was wir Großes erreichen könnten, wenn sie endlich mal Verantwortung übernehmen würde? Stattdessen rennt sie dauernd zu dieser Rita und lässt sich von der indoktrinieren.

Ich fahre langsam an der Siedlung entlang. In Richtung der Hochhäuser. Ich lasse einen roten Häuserblock nach dem anderen hinter mir. Nicht weil diese runtergedrosselte Geschwindigkeit meinem Temperament entspräche, sondern weil ich inzwischen schon vollkommen konditioniert bin. »Rainer! Nicht rasen! Hier spielen doch überall Kinder!«

Ich sehe hier nirgendwo Kinder. Nur da vorne zwei auf dem Bürgersteig neben der Laterne. Aber das sind eher Jugendliche. Ein Mädchen mit nackten Beinen und ein Junge in weiten Stoffhosen, beigefarbenem Poloshirt. Johannes. Es ist Ritas Sohn, der bei uns auf dem Bürgersteig sitzt, mit einem Mädchen mit unglaublich langen Beinen. Ha! Das ist ja meine Tochter. Constanze. Was machen die beiden denn da? Ich rolle langsam an ihnen vorbei. Johannes hebt kurz seinen Blick und sieht mich durchs Seitenfenster an. Constanze hat ihren Kopf in seinem Schoß, sodass ich nur ihre Haare sehe. Das ist ja mal ein seltsames Bild. Ich wusste gar nicht, dass die beiden so eng miteinander befreundet sind.

Ich fahre weiter, werfe noch mal einen Blick in den Rückspiegel, nur um sicherzugehen, dass ich mich nicht getäuscht habe. Sind tatsächlich die beiden. Und dann fahre ich auf den gepflasterten Garagenhof. Ich halte immer so vor unserer Garage, dass ich gleich, wenn ich das Tor geöffnet habe, mühelos rückwärts einparken kann. Und jetzt, genau in diesem Moment, beginnt meine tägliche, akkurat durchchoreografierte Einparkphase – in den Feierabend hinein. Exakt parallel zur Garagenwand. Ich konzentriere mich auf meine Atmung. Jeden meiner Handgriffe. Kupplung, Schalthebel in den Rückwärtsgang. Lenkrad umfassen. Immer in der genau gleichen Abfolge – ist wichtig für mich, bevor ich all meine Manneskraft brauche, um in mein eigenes Haus zurückzukehren, in dem mein Antagonist auf mich wartet. Meine Frau. Dabei ist Ulla eine bemerkenswerte Architektin. Ihre Begabung ist mir schon in der Uni aufgefallen. Sie konnte besser zeichnen und entwerfen als alle anderen. Sie hat ein unglaubliches Gespür für Form und Struktur. Gemeinsam könnten wir großartige Wohnarchitektur entwerfen. Wie Charles und Ray Eames! Die beiden haben sich ergänzt! Ulla könnte wie Ray den künstlerischen Teil in unserer Arbeitsbeziehung übernehmen und ich wie Charles den technischen. Aber Ulla tut eben lieber so, als würde mit unserem Leben etwas nicht stimmen. Sie ist ja der festen Meinung, dass ich irgendwann mal beim Modellbaukurs zu einem Kommilitonen gesagt habe, sie sei ein Provisorium. Und wenn schon! Was interessiert es sie, was ich als dummer Student vor zwanzig Jahren gesagt habe?

Sie tut so, als wäre es gestern gewesen. Huscht hin und her, als wäre ich der Dämon. Dabei macht sie mich dazu. Und natürlich bringt mich das zuweilen auf die Palme. Ein Trick von mir ist es, mich weitestgehend der Gesamtsituation zu entziehen. Um in meinen Handlungen nicht permanent behindert zu werden. Um mich frei zu entfalten. Um ich selbst sein zu können. Ich fahre ins Büro. Gehe in den Keller oder aufs Dach. Nur weg. Weg. Weg. Hat mein Vater früher auch schon so gemacht. Bevor dich die Frauen verrückt machen. Weg. Einfach nur weg.

ULLA

Lexchen habe ich jetzt mal unten in den Keller vor den Fernseher verbannt. Eigentlich versuche ich ohne diesen Fantasiekiller auszukommen. Aber das hier ist ein Notfall. Ich brauche gerade keine kindlichen Zeugen und glücklicherweise ist Lexchen wie in Trance, wenn sie unten im Keller auf dem alten Korbsessel sitzt und sich die Sesamstraße angucken darf. Das Haus könnte um sie herum abbrennen. Sie würde es nicht merken. So fasziniert ist sie von diesen knallbunten Plüschfiguren mit den Kulleraugen und den Riesenmäulern. Ich habe Lexchen die Kapuzenjacke übergezogen und eine Jogginghose unter den Rock, damit sie nicht friert. Ein paar Rosinen im Blechnapf habe ich ihr auch hingestellt. Nicht, dass sie gleich wieder raufkommt.

Ich bin ziemlich geladen. Das muss ich sagen. Mein Herz klopft bis zum Hals. Meine Hände sind kalt. Zur Beruhigung habe ich mir gerade einen Schluck Rum genehmigt. Langsam sickert in mein Bewusstsein ein, was mir Cotsch vorhin erzählt hat, und ich werde mich nicht alleine um diese Angelegenheit kümmern. Ich werde auch nicht so tun, als wäre nichts passiert, um ja nicht den nachbarschaftlichen Frieden zu gefährden. Ich werde diese Sache nicht auf sich beruhen lassen, wie es sonst so meine Art ist. Normalerweise handle ich nach dem Prinzip: Ich bin nicht die Lehrmeisterin der anderen Leute. Das Leben ist der allergrößte Lehrmeister und es wird ihnen früher oder später schon die passende Lektion erteilen. Aber in diesem Fall muss ich etwas tun. Aber nicht alleine. Rainer wird mich unterstützen. Dafür werde ich sorgen.

Zum Glück ist Constanze mit Johannes draußen. Er ist ein sehr netter Junge. Schwer zu glauben, dass er Ritas Sohn ist. Es ist erschütternd, wie manche Kinder in die unmöglichsten Familien hineingeboren werden. Na gut. Georg ist an und für sich absolut in Ordnung. Ein bisschen träge vielleicht. Aber harmlos. Genau wie Johannes. Vollkommen harmlos.

Ich stehe am großen Wohnzimmerfenster und sehe hinaus in unseren frühabendlichen, von mildem Blau überzogenen Garten. Das Elefantengras weht sacht und Lexchen liebt die Tränenden Herzen, die Rainer links an der Mauer entlang gepflanzt hat. Manchmal kniet sie auf den Eisenbahnbohlen, die das schmale Beet begrenzen, und streicht mit ihren Fingerchen über die pinkfarbenen Herzen und die heruntertropfenden Tränen. Als wüsste sie längst, dass diese Herzen die Vergeblichkeit der bedingungslosen Liebe zwischen Mann und Frau symbolisieren. Mangelnde Liebe.

Ich sehe Rainer durch die Gartentür kommen. Er schiebt die hohe weiße Holztür auf, duckt sich unter dem herunterhängenden Knöterich hindurch, schließt die Tür hinter sich, steigt die Steinstufen herunter und kommt jetzt den schmalen Weg zwischen Rasen und Hochbeet entlang, direkt auf mich zu.

Ich verschränke die Arme vor der Brust und stelle mich direkt hinter die Scheibe der Terrassentür. Als er mich sieht, erschrickt er kurz, geht aber weiter. Augenblicklich mit abweisendem Gesichtsausdruck. Momentan verstehen wir uns nicht besonders gut. Wahrscheinlich steckt unsere Ehe in einer ernst zu nehmenden Krise. Wenn das überhaupt noch eine Krise ist. Wir sprechen kaum noch miteinander. Er schlägt mich – was asozialer erscheint, als es eigentlich ist. Wir sind keine Proleten, sollte es danach klingen. Er stößt die Terrassentür mit einem Ruck auf, wohl in der Hoffnung, dass ich sofort artig zur Seite springe. Das kann er vergessen. Sein Blick macht mir heute keine Angst. Ich starre zurück. »Hallo!«

Rainer will an mir vorbei. Mit seinem aggressiven Blick, der mich davor warnen soll, nichts zu tun, was ihn ärgern könnte. Dabei macht es ihn schon rasend, wenn ich den Mund aufmache. Ist mir egal. Die Kinder sind draußen und im Keller. Soll er doch. Ich stelle mich ihm in den Weg. Er stößt mich zur Seite. Wie schnell er zu reizen ist. Meiner Ansicht nach ist das krankhaft. Rainer allerdings meint, mit dieser Art der männlichen Abwehr befindet er sich automatisch im Recht. So einfach ist das nicht.

Ich sehe seinen muskulösen Rücken in seinem weißen, zerknitterten Oberhemd. Mit der Aktentasche in der Hand will er schon raus in den Flur. Bevor er das schafft, sage ich mit einer Stimme, die sonst nur Constanze zur Verfügung hat: »Deine große Tochter wurde heute vergewaltigt.«

Er geht einfach weiter. Schüttelt nur den Kopf und klatscht hinter sich die Wohnzimmertür zu. Ich spiegle mich im dunklen Glas. Noch ein bisschen wütender als gerade eben noch. Ich mache ein paar große Schritte, reiße die Tür wieder auf. Rainer steigt die Treppe hinauf zu unserem Schlafzimmer, vermutlich, um sich seine kurzen Gartenjeans anzuziehen. Ich rufe die Treppen hinauf: »Hast du gehört, was ich gesagt habe? Constanze ist von Falk Berenstein vergewaltigt worden.«

Oben schlägt unsere Schlafzimmertür zu. Ich stehe im Flur und hoffe, Lexchen hat unten im Keller nichts gehört. Nicht, dass sie mit dieser Nachricht gleich zu Joschi rennt.

RAINER

Immer dieser Wahnsinn. In Ullas Augen wird jeder sexuell aktive Mann sofort zum Vergewaltiger. So ein Denken ist gefährlich. Im anderen Geschlecht grundsätzlich den Feind zu sehen, als hätten wir Männer keine Gefühle! Als hätten wir keine Sehnsüchte und Bedürfnisse. Als wären wir aus Stein. Als würden wir uns immer nur nehmen, nehmen, ohne etwas geben zu wollen. Vielleicht will meine Frau nur nicht das haben, was ich ihr geben will? Vielleicht versteht sie meine Währung nicht? Vielleicht erkennt sie nicht, wer ich bin? Natürlich erkennt sie mich nicht – obwohl sie den lieben langen Tag von Nächstenliebe, Mitgefühl und Verständnis predigt. Aber diese Wonne soll direkt an mir vorbeigehen, weil ich in ihren Augen eben auch ein Vergewaltiger bin. Ein gefühlloser Klotz. Jemand, der die Macht hat.

Hat Ulla jemals darüber nachgedacht, dass es vielleicht genau anders herum sein könnte? Dass ich den Eindruck habe, dass alles an mir verabscheuenswert ist? Das tut weh. Ich weiß nicht, wie es anderen Männern mit ihren Ehefrauen geht, aber Ulla ist ständig verstimmt. Zum Beispiel, wenn ich ganz harmlos mit ihrer Freundin Rita auf dieser kleinen Gartenparty plaudere. Ich dachte, darüber freut sich Ulla. Über mein Zeichen, dass ich ihre Freundin nicht links liegen lasse, obwohl die natürlich eine Schraube locker hat mit ihrem ganzen theoretischen Feminismus-Geplapper, das sie eben auch gegen mich wendet. Aber was wird daraus gemacht? Ich will mich an ihre Freundin ranmachen. Als wäre ich nichts weiter als ein primitiver Urmensch, der sich bei all seinen Handlungen nicht das Geringste denkt. Glaubt Ulla tatsächlich, dass ich mich vor ihren und Georgs Augen, vor den Augen unserer Kinder an Rita heranmache? Diese Sichtweise ist eine Vergewaltigung meiner Person! Und aller anderen Männer. Die Zimmertür geht auf, als ich in Unterhosen vor unserem Kleiderschrank stehe und in meine Gartenjeans steige.

»Du bist so ein ignorantes Arschloch!« Ulla steht da. Wie eine wild gewordene Indianerin. Sie schließt die Tür hinter sich und kommt langsam um das Bett herum. Ich muss sagen: So habe ich meine Frau das letzte Mal während unseres Studiums erlebt. Bevor die Kinder da waren. Ich mache meinen Hosenknopf zu und sehe ihr mit offenem Mund entgegen. Alles ist irgendwie verlangsamt. Es dauert ewig, bis sie in ihrem ausgewaschenen T-Shirt ums Bett herum ist. Sie streckt ihre gebräunten Arme aus und stößt mich mit voller Wucht gegen die Wand, wo meine Draht-Wachs-Plastik aus dem letzten Unisemester hängt. In meinen Rücken bohren sich die Nägel und Drähte, wie Joseph Beuys bin ich an die Wand getackert. Kann nur noch stehen. Ich kriege für einen Moment schlecht Luft. Interessiert Ulla nicht. Sie holt aus und haut mir eine runter. Dann noch eine. Und noch eine. Rechts. Links. Rechts. Links. Mit einer Kraft, die mich verblüfft. Wieder muss ich sagen, dass ich meine Frau in den letzten Jahren erheblich unterschätzt habe. Ulla hat sie noch! Diese Urgewalt! Ich kann wieder atmen. Trotz Schlägen. Ich hebe meine Arme und halte Ullas Handgelenke fest. Ganz fest. Ich lache vor Glück. Sie zischt: »Lass mich los!«

Ihre langen Haare fliegen. Sie kämpft. Aber ich bin so viel stärker. So viel stärker. Ich werfe sie auf unser Bett und dann stürze ich mich auf sie. In meinen Gartenjeans, in die weiße Bettwäsche hinein. Ich setze mich auf sie. Sie strampelt mit ihren Beinen, windet sich unter mir. Aber ich habe ihre Handgelenke wieder fest im Griff. Ihre dunklen Haare liegen über ihrem Gesicht. Sie zischt immer wieder heiser: »Lass mich los!«

Ich kann nicht aufhören zu lachen, weil all dieses wunderbare Leben in meiner Frau ist. Kein Opfer mehr. Kein Vorwurf. Nur noch Wut. Und ich finde sie so außergewöhnlich. So ergreifend, dass ich tatsächlich sage: »Ich liebe dich.«

Da ist sie platt. Sie starrt mich zwischen ihren Haarsträhnen hindurch an. Sie atmet und keucht und ich sehe sie an, so, wie wir uns seit Jahrzehnten nicht mehr angesehen haben. So tief und gewaltig. Wie früher, als wir uns gerade ineinander verliebt hatten. Sie war so vollkommen. Ohne es zu wissen. Roh und natürlich. Als könnte ihr nichts auf der Welt etwas anhaben. Als wüsste sie ganz genau, wer sie ist. Als würde sie keine Angst kennen. Keine Unterschiede. Keine Urteile. Als würde sie nicht einmal auf die Idee kommen, dass ich ein ignoranter, kaltherziger Mann sein könnte, dem sie nichts entgegenzusetzen hat. Wo ist das alles hin? Wo sind unsere prächtigen Gefühle füreinander? Woher kommt es, dass wir uns plötzlich nur noch verzerrt wahrnehmen? Dass wir nicht mehr zueinanderfinden? Wo ist unsere Liebe hin? Ist sie wirklich verschwunden? Haben wir sie tatsächlich verloren? Oder ist sie noch da? Mein Herz pulsiert. Ich kann nicht aufhören zu lächeln. Ich sage: »Du bist so wunderschön.«

Und sie flüstert heiser: »Er hat unsere Tochter vergewaltigt.«

LEXCHEN

Ich finde Ernie und Bert so witzig. Die sind zwei richtig gute Freunde! Wie Joschi und ich. Und bestimmt findet es Joschi auch richtig witzig, wenn ich ihm morgen zeige, dass ich genau wie Ernie lachen kann. Ich übe es schon die ganze Zeit. Krrrhe-he-he. Dabei muss ich ganz schnell mit dem Kopf hoch und runter wackeln. Krrrhe-he-he.

JOSCHI

Ich finde es eigentlich nicht so witzig, dass Klara vorhin Lexchen einfach wieder weggeschickt hat. Lexchen tat mir richtig leid. Ich habe gehört, wie sie durch den Briefschlitz gerufen hat: »Joschi! Ich bin's, Lexchen! Wollen wir spielen?« Aber solange ich in den gleichen Zwillingskleidern wie Klara herumlaufe, kann ich mich irgendwie nicht durchsetzen. Das bedeutet, ich muss meine Zwillingsklamotten loswerden. Nur, wie mache ich das? Klara hockt in ihrer bekloppten blauen Zwillingsweste auf meinem Teppich und krault Esmeralda den Bauch, obwohl sie gegen Katzenhaare allergisch ist. Klara kratzt sich ununterbrochen. Ihre Arme sehen richtig schlimm aus. Überall rote Striemen. Und ich langweile mich, weil ich keine Ahnung habe, was ich mit ihr reden soll. Weder interessiert mich ihr beknacktes Geigenvorspiel, noch dass sie Serenaden komponieren kann. Ich sitze auf meiner Bettkante und knete ein Stück gelbes Bienenwachs, das ich neulich abends von dem Kerzenständer im Wohnzimmer abgekratzt habe und vor dem Schlafen auf meinem Nachtschränkchen abgelegt habe. Gut, dass ich das gemacht habe, sonst hätte ich echt nichts zu tun. Ich knete es zwischen meinen Fingern und es ist erstaunlich, wie es immer wieder seine Form ändert und trotzdem immer das Stückchen Kerzenwachs bleibt.

Ich forme einen aerodynamischen Tropfen und probiere, ob ich ihn in mein Ohr stecken kann. Er ist so schön glatt geformt. Lexchen würde mitmachen, wenn sie hier wäre. Wir würden noch mehr Wachs aus dem Wohnzimmer holen und uns noch viel mehr aerodynamische Tropfen formen und in die Ohren stecken und sie wieder rausholen. Aber Klara hat kein Gespür für so was. Sie sieht zu mir hoch und sagt mit dieser Besserwisserstimme: »Ich verstehe nicht, warum Lexa nicht kapiert, dass du nicht mehr mit ihr befreundet sein willst. Wie oft will die eigentlich noch hierherkommen? Ist die ein bisschen dumm?«

Und ich sage mit dem Wachs im Ohr: »Ich kann dich leider ganz schlecht hören.«

Ich stehe auf und gehe aus dem Zimmer, die kleine Treppe im Flur runter, dann wieder die andere Treppe rauf ins Töpferzimmer von meiner Mutter, wo sie in ihrem Batikkleid mit den Spaghettiträgern und nackten Füßen an der Töpferscheibe sitzt und an so einem Klumpen Ton herumformt. Ich mache die Tür zu und sage so selbstverständlich wie möglich: »Mama, ich habe Wachs im Ohr.«

Meine Mutter guckt mich mit riesigen Augen an. Sie sagt was und ihre Stimme klingt total weit weg.

RITA

Die meisten Frauen in der Siedlung haben eine Putzfrau, nur ich nicht. Ich hocke hier auf unseren Fliesen im Gäste-WC, das Johannes und Georg benutzen, und versuche, die Kalkflecken zu entfernen. Die anderen Frauen haben alle »Frau Eilers«. Sie wohnt drüben in einem der Hochhäuser und fährt einen BMW. Das muss man sich mal vorstellen.

Eine Putzfrau, die einen BMW fährt. Außerdem trägt sie grundsätzlich diese roten Riemchen-Stilettos, so, als wäre sie wer weiß wer. Ist nicht mein Stil. Wirkt nicht aufgeklärt, eher anbiedernd. Sich als Frau mit den körperlichen Reizen derart in den Vordergrund zu spielen finde ich absurd. So, als hättest du kein Gehirn. Aber so ein Auftritt scheint einem ja als ungebildete Frau weiterzuhelfen. Immerhin fährt die siedlungseigene Putzfrau einen schicken BMW, bezahlt von unseren Siedlungsmännern. Als hätten sie alle zusammengeworfen, um Frau Eilers den BMW für die verdiente Selbstverwirklichung, die Unabhängigkeit zu spendieren!

Da studieren wir Siedlungsfrauen mehrere Jahre Kunstgeschichte oder Literaturwissenschaften, verschieben unser Kinderkriegen auf Ende zwanzig, um endlich durch entsprechende Bildung mehr oder weniger mit den Männern gleichgestellt zu sein, da braust uns Frau Eilers mit ihrem BMW davon, den ihr unsere Männer bezahlt haben. Unsere Männer! Wer käme denn darauf, dass *wir* Siedlungsfrauen einen BMW bekommen, um uns darin frei bewegen zu können? Stattdessen verzichten wir selbstverständlich auf unsere berufliche Karriere, ziehen unsere Kinder groß, machen den Haushalt, backen Marmorkuchen und bekommen von unseren Männern lediglich eine Putzfrau spendiert, damit wir uns nicht über unsere jämmerliche Situation beklagen.

Doch im Gegensatz zu uns bekommt Frau Eilers fürs Putzen Geld. Macht sie nicht mal ordentlich. Ist das nicht Ironie des Schicksals? Die einzige Frau, die arbeitet, ist Frau Eilers! Ohne Studium! Mit BMW! Wo ist unser Lohn, von dem wir Frauen uns für unsere tägliche Schufterei unsere

Freiheit erkaufen könnten? Bei Frau Eilers! Ich schrubbe hier unsere Toilette! Georg! Ich trage alleine die Kisten, angefüllt mit der Kindheit unserer Kinder, die Treppen hinunter. Während mein Mann draußen im Garten genüsslich sein Knäckebrot neben dem Komposthaufen isst.

Ich höre jetzt mit der Hausarbeit auf. Ist nicht mehr mein Problem. Bis ich dafür bezahlt werde. Ich stehe von den Fliesen auf, wasche mir meine Hände und dabei entdecke ich mich leider im Badezimmerspiegel und bekomme einen gehörigen Schrecken. Das bin ich! Diese verkrampft dreinblickende Frau.

COTSCH

Ich stehe neben dem Ginster vor Billerbecks Haustür und beobachte die Hummeln, die unermüdlich in die kleinen gelben Blüten fliegen. Die wissen nichts von Vergewaltigung. Die lutschen nur in den süßen, duftenden Blüten herum und haben ihre Ordnung. Johannes ist gerade im Haus verschwunden und guckt, wo seine Mutter ist. Der Schreckschraube wollen wir nicht begegnen. Ich meine, die dachte wirklich, dass ich was mit Johannes anfange! Nur weil sie sich das so überlegt hat! Echt durchgeknallt, wie Rita die Beziehungen ihrer Kinder organisiert. Wenn, dann bestimme ich, in wen ich mich verliebe!

Mir ist kalt, über der Siedlung liegt der bläuliche Sommerdämmer. In den Bäumen zwitschern die Amseln. Weiter hinten auf der Straße fährt langsam ein Auto vorbei. Die typischen Geräusche der Siedlung. Einzelne Geräusche in der Stille. Die Geräusche meiner Kindheit. Friedliche Geräusche. Die Haustür geht wieder auf und Johannes kommt mir mit einem sachten Lächeln auf den Stufen entgegen. Er streckt seine Hand aus und flüstert: »Komm!«

Ich greife nach seiner Hand und gehe mit ihm ins kühle Haus, schnell um die Ecke in sein Zimmer. Johannes drückt die Tür zu und schiebt seine Kommode davor. Die komischen Technikteile, die darauf stehen, kippen um und fallen auf den Teppich. Ich ziehe meine Füße zurück. Als ich das ganze Zeug wieder aufheben will, sagt Johannes leise: »Lass einfach liegen. Tritt sich fest.«

Wir steigen nacheinander auf sein Hochbett. Er hat dunkelblaue Bettwäsche. Ein kleines Bücherbord am Kopfende, auf dem ein paar Bücher liegen. *In Nacht und Eis. Der letzte Mohikaner.* Ein Wasserglas. Ein Notizblock und ein Stift. An den Wänden kleben schwarz-weiße Fotografien von Johannes' Hand. Eine Weintraube neben einem Käsewürfel. Ein kleiner Ast im Gras und ein Foto von einer Magnolienblüte. Daneben der Lederstiefel meiner Mutter und Lexchens sommersprossige Nase. Alles Nahaufnahmen.

Ich setze mich ans Kopfende. »Hast du die Bilder gemacht?«

Johannes setzt sich im Schneidersitz mir gegenüber: »Yep. Mit der Kamera von meinem Vater.«

»Wann hast du denn den Stiefel von meiner Mutter fotografiert?«

»Schon länger her. Als hier wieder Nachbarschaftsbesäufnis im Garten war.«

»Und Lexchens Nase?«

»Muss am gleichen Tag gewesen sein.«

»Hab ich gar nicht mitbekommen. Wo war ich denn da gerade?«

Johannes faltet die Hände in seinem Schoß: »Willst du es wirklich wissen?«

»Klar.« Ich gucke ihn an.

»Du warst mit Kai unterwegs.«

»Woher weißt du das?«

»Weil ich deine Mutter gefragt habe, warum du nicht mitgekommen bist.«

»Warum hast du meine Mutter gefragt?«

»Weil ich mich auf dich gefreut hatte.« Johannes guckt zur Tür, irgendjemand läuft im Flur herum.

Ich nicke und mein Blick schweift durchs Zimmer. Über seinen Schreibtisch am Fenster, auf dem noch mehr Technikkram steht. Über der Lehne vom Schreibtischstuhl liegen ein paar Klamotten, auf dem Teppich sein bekritzelter Schulrucksack, dann die Kommode mit dem umgekippten Technikkram und – zwischen Wand und Kleiderschrank – sein Cello im Cellokasten. Es ist, als würde Falk da stehen. Ich kann nichts dagegen tun, mir laufen sofort wieder die Tränen runter.

»Alles in Ordnung?« Johannes rutscht näher an mich heran. »Findest du Cello-Spielen bescheuert? Tröste dich. Ich auch.«

Ich schüttle den Kopf und muss noch mehr weinen.

Johannes streicht kurz über mein Knie. »Ist es wegen dem Vorspiel?«

Ich nicke.

»Dann lass uns zu der Scheiße nicht hingehen. Ich habe auch keinen Bock dazu.« Johannes beugt sich vor und gibt mir tatsächlich einen Kuss auf die Wange. Danach streicht er mir über das Haar. Weswegen ich gleich noch mehr heulen muss. Weil er so lieb ist. Und Johannes meint: »Sag's nicht weiter, aber ich habe das Gefühl, dass wir Schüler im Grunde genommen nur dazu dienen sollen, das Ansehen des Berenstein-Kollegs zu steigern, indem wir zeigen, dass wir herausragende Schüler sind, die fehlerfrei irgendeine Rachmaninow-Scheiße spielen können. Es geht nicht um uns und unser ganz persönliches Innenleben, um unsere Jugend, sondern unsere Disziplin soll nur Berensteins musische Didaktik widerspiegeln. Verstehst du? Wir sollen die Leistungsgesellschaft am Laufen halten.« Johannes sieht mich durch seine Stephen-Hawking-Brillengläser an. »Klar, dass du keinen Bock darauf hast. Hab ich auch nicht. Es ist, als würde man falschen Götzen frönen.«

Ich nicke und ich hätte so gerne ein Taschentuch. Ich kann ihm doch nicht sagen, was passiert ist. Oder? Ich weiß ja selbst nicht, was passiert ist. Inzwischen bin ich mir nicht mal mehr sicher, ob die Sache mit Falk überhaupt passiert ist. Das alles kommt mir so unwirklich vor. Gleichzeitig sehe ich die Schrammen auf meinen Armen und auf meinen Beinen. Ich fühle noch immer das Zerren an meinen Haaren. Sein Gewicht auf mir. Sein Gesicht über mir und … als gäbe es mein Leben vor heute nicht mehr.

Ich lege mich auf Johannes' Bett, sodass sein Knie meinen Rücken berührt und ich auf das Foto von Mamas Stiefel gucke.

Johannes streichelt zögernd über meine Schulter, und

nachdem es ganz still zwischen uns geworden ist, legt er sich langsam hinter mich. In seinen Klamotten. Und mit einem Mal liegen wir wie diese Vulkanopfer von Pompeji. Die, die sich in ihrer Verzweiflung eng aneinander in ihre Betten gelegt haben, während die Ascheflut über sie hereingebrochen ist, sich der pyroklastische Strom über sie ergossen und die Liebenden für die Ewigkeit haltbar gemacht hat. Arm in Arm. Küssend. Für immer.

JOHANNES

Ich lege meinen Arm um Constanze. Ich liege direkt hinter ihr, auf meinem Hochbett. In meiner Bettwäsche. Unsere Köpfe auf meinem Kopfkissen. Ist das nicht der Irrsinn? Der absolute Irrsinn? Ich kann es nicht fassen. Ich habe Constanze im Arm. In meinem Bett. In dem ich so viele Nächte alleine gelegen und an sie gedacht habe. Ich hätte niemals für möglich gehalten, dass das jemals passieren würde. Vielleicht ist es auch nur ein Versehen. Vielleicht eine Art Unfall. Ein Zufall. Vielleicht liegt Constanze öfter in irgendwelchen Betten, wenn sie traurig ist. Mit Sicherheit tut sie das. Ich darf mich nicht drauf einstellen, dass das hier zur Normalität werden könnte. Sowieso sollte so etwas nie zur Normalität werden. Es sollte immer ein Fest sein, wenn die Liebste bei einem liegt. Das ist ganz und gar nicht normal. Vielleicht bin ich ein Romantiker – so nennt man doch solche Männer, die sich an der Liebe, an der Wehmut ergötzen, Männer, die immer wieder aufs Neue die Schönheit in der Verbindung zweier Menschen sehen. Den Funken. Das Licht. Den Regenbogen. Das Lächeln. Die Melancholie, das implizierte Ende. Spätestens durch den Tod. Dann bin ich eben ein Romantiker. Stichwort: Heinrich von Kleist. Ich glaube, der war einer. Hat sich ja direkt umgebracht, weil er so ein dramatischer Romantiker war. Wenn mich also irgendjemand so bezeichnen möchte. Bitte! Nichts dagegen! Hab ich kein Problem damit. Ich bezeichne mich – nein! Besser: Ich empfinde mich selbst als hundertprozentig romantisch Liebender. Als Mann, der nicht wie seine Eltern enden möchte, die nach zwanzig Jahren Ehe schlecht über ihre Liebe denken, reden, fühlen. Die voller Scham sind für das, was sie einmal füreinander empfunden haben. Eltern, die sich für sich selbst schämen. Ihre Liebe für einen Trugschluss halten, für die totale Verblendung, und nicht aufhören können, sich dafür selbst zu hassen, wie sie auf sich, ihre Gefühle und den anderen haben jemals reinfallen können. Inzwischen empfinden meine Eltern ihre einstige Liebe als schlimmsten Fehler ihres Lebens überhaupt, obwohl sie mit ihrer schöpferischen Kraft zwei gesunde Kinder hervorgebracht hat. Klara und mich.

Unsere Eltern sind vollkommen blind dafür, dass ihr schlimmster Fehler eigentlich darin besteht, dass sie aus der Liebe gefallen sind. Womöglich klingt das etwas hochtrabend, aber ist es nicht die Verantwortung von uns Menschen, uns jeden Tag erneut für die Liebe zu entscheiden, zu erkennen, dass wir die Vermenschlichung der Liebe in unseren Armen halten? Dass wir ureigentlich dazu auserkoren sind, diesen unermesslichen Schatz der Liebe zu bewahren?

Ganz ehrlich? Bei Lichte betrachtet sind wir Gott gleich! Er ist Liebe! Wir sind Liebe! Nur wir halten uns für nicht würdig, diese Liebe zu verwirklichen und zu leben. Darum verurteilen wir die Liebe. Zucken zusammen, wenn jemand von Liebe redet.

Ganz offenbar sind wir Menschen noch nicht so weit, diese Verantwortung zu übernehmen. Wir wollen, wollen, wollen, haben diesen unstillbaren Hunger nach mehr und immer mehr. Reichtum. Bedeutung. Macht. Wir meinen, wir haben noch längst nicht alles bekommen, wollen uns alles nehmen, Besitztümer anhäufen, egal, ob sie uns zustehen oder nicht. Haben Panik, dass uns unsere gehamsterten Schätze wieder genommen und wir nackt dastehen werden. Dabei stoßen wir das, was wir einmal frei und umstandslos bekommen haben, das Wertvollste überhaupt, das unseren Hunger augenblicklich stillen könnte, von uns weg. Gott hat uns nach seinem Ebenbild erschaffen. Doch unser Selbstwertgefühl ist so gering, dass wir uns von ihm abwenden und Schlechtes tun. Amen.

JOSCHI

Meine Mutter bekommt dieses Wachsteil nicht mehr aus meinem Ohr. Mein Kopf liegt auf ihrem Schoß, der Rest von mir liegt auf dem Sofa. Ich sehe die psychedelischen Farben ihres Kleides. Die Aktzeichnungen an den Wänden. Ihre eine Hand hält meinen Kopf, mit der anderen versucht sie mithilfe einer Haarnadel das Ding wieder aus meinem Ohr zu bekommen. Klara steht neben dem Sofa und guckt auf mich runter. Sie sagt jetzt schon mindestens zum hundertdreißigsten Mal, dass man sich kein Wachs in die Ohren stecken soll. »Das weiß doch jedes Kind!« Oder: »Haha, Joschi, ich frage mich, wie man nur so dumm sein kann!«

Ich meine, merkt sie nicht, dass das jetzt nicht der geeignete Zeitpunkt ist, mir zu erzählen, was schiefgelaufen ist? Meint sie, ich weiß das nicht? Immerhin fummelt mir meine Mutter gerade mit einer Haarnadel im Ohr herum. Viel wichtiger wäre für mich zu erfahren, ob das Wachs über mein Ohr direkt ins Gehirn rutschen kann. Aber die Frage spare ich mir jetzt mal lieber, weil ich Klara nicht auch noch die Gelegenheit geben will, einen medizinischen Monolog über mein Gehirn zu halten. Klara weiß echt alles. Zumindest benimmt sie sich so. Als hätte sie die Weisheit mit Löffeln gefressen und wüsste, wie das Leben läuft. Aber ganz ehrlich? Sie weiß gar nicht, wie das Leben läuft, sonst wüsste sie, dass man als Kind dumme Sachen macht. Und mal nebenbei bemerkt, ist diese Sache mit den Zwillingskleidern eine noch viel dümmere Sache! Wir sind keine Zwillinge! Ich bin kein Mädchen! Und wer denkt, dass er Freundschaften erzwingen kann, ist auf dem Holzweg. Solche Menschen kennen das Leben nicht, sie haben Angst davor, dass sie alleine zurückbleiben. Sie vertrauen nicht darauf, dass alles einen Sinn ergibt. Nenn mich Philosoph – keine Ahnung, woher ich diese Weisheit habe. In jedem Fall wüsste Lexchen, was ich damit meine. Wir beide haben im Wald schon Käfer sterben sehen. Tote Mäuse unter Laub. Grüne

Knospen an dünnen Ästchen und die Sonne, die durch die Baumkronen fällt. Den gurgelnden Fuß.

Mit wem hätten sich die Dinosaurier befreunden sollen, um zu überleben? Lexchen und ich wissen, dass das Leben nimmt und gibt. Ohne unser Zutun. Mama streicht mir über den Kopf und sagt: »Wir müssen ins Krankenhaus!«

LEXCHEN

Ich stehe mitten im Flur und rufe: »Mama!« Aber es kommt keine Antwort. Ich rufe noch mal ein bisschen lauter: »Mama! Ich hab den Fernseher ausgemacht!«

Ich lausche. Nichts rührt sich. Bin ich alleine zu Hause? Sind alle einfach weggegangen und haben mich hier zurückgelassen? Für immer? »Mama?« Ich gehe ins Wohnzimmer. Alles ist still. Ich gucke in den Garten. Niemand trinkt Tee in der schattigen Sitzecke. Nichts. Alles liegt still da. Die Äpfel in der getöpferten Schale. Ich gehe weiter in die Küche. Stille. Der bunte Strohblumenstrauß hängt von der Decke. Die Gewürze. Alles still. Die Schränke: still. Wir sind alle still und lauschen auf ein Lebenszeichen. Ich gehe wieder in den Flur zurück. »Mama?«

Ich steige die kleine Treppe rauf und gucke in Cotschs Zimmer. Hier ist es nicht ganz so still. Obwohl auch niemand da ist. Ihr Bett ist zerwühlt. Ihre Schulsachen liegen auf dem Boden. Dazwischen das *Moby-Dick*-Buch mit dem weißen Wal vorne drauf. Auf dem Schreibtisch liegt die

Kassette von Johannes. Daneben ein paar Fotos vom Schüleraustausch in Amsterdam. Ich finde diese Fotos sehr schön. Ganz viele junge Leute, die ihre Arme umeinanderlegen und in die Kamera lachen. Nur Cotsch ist nicht zu sehen. Weil sie die Fotos gemacht hat. Von all den hübschen Jungs, die Johan oder Marten heißen. Hat Cotsch mir alles erzählt. Und dass sie all diese Jungs gut fand. Alle auf einmal. Ich gehe wieder raus in den Flur und öffne die Haustür. Dann laufe ich eben wieder zu Joschi und frage seine Mutter, ob ich einen Toast mit Gouda bekomme. Die haben immer ein richtig großes Stück Gouda in der Küche liegen. Oder so bunte Zuckerstreusel, die Mama niemals kaufen würde.

Ich ziehe die Tür zu und gehe langsam die schmalen Wege entlang. Ich habe es nicht sehr eilig. Denn tatsächlich bin ich auf einer Mission.

RITA

Ulla kommt nicht mehr, um mit mir die Kisten in den Keller runterzubringen. Ich weiß es. Ich fühle es. Um mich herum breitet sich die sprichwörtlich gähnende Leere aus. Grau und alles verschlingend. Es ist eigenartig, was man alles wahrnimmt, wenn man dabei ist, alles zu verlieren. Es gibt nicht viele Menschen, die wirklich alles verlieren. Na gut, es gibt Menschen, die sterben. Die verlieren natürlich alles. Was sollen sie auch noch mit all dem Zeug, wenn es sie selbst nicht mehr gibt? Daran ist nichts tragisch – oder?

Aber ich verliere alles, obwohl es mich noch gibt. Unaufhaltsam wird mir alles entrissen. Eins nach dem anderen. Zuerst meine Jugend. Meine Lebensfreude. Meine Unabhängigkeit. Meine Bildung. Das Leben als selbstbestimmte Frau. Die Unterstützung meines Mannes. Die Kindheit meiner Kinder. Ullas Zuneigung.

Ohne Ullas Zuneigung bin ich ein Nichts. Der Sinn meines Lebens: futsch. Weg. Wenn sie mich nicht liebt, löse ich mich auf. Dann existiere ich nicht mehr. Ist je ein Mensch durch sein eigenes Haus gegangen – ohne Sinn? Ohne noch irgendetwas darin zu besitzen? Ohne dass darin noch irgendetwas eine Bedeutung hätte? Ohne dass er selbst noch eine Bedeutung hätte? Ein Mensch ohne Identität. Ohne Zukunft. Ich wandle wie ein Geist durch unser Haus, über unseren Teppich, in mein Zimmer, und sehe alles so überdeutlich. Ich rieche die Luft. Ich fühle die Luft. Die roten Perlenketten an der Wand. Ullas gerahmte Zeichnungen an den Wänden. Seit fünf Jahren hängen sie über meinem Schreibtisch und erst jetzt bemerke ich sie wieder und es tut so weh, sie zu sehen. Mich an die Nachmittage zu erinnern, an denen Ulla hinter mir saß und mich gezeichnet hat. Beim Lesen, beim Aus-dem-Fenster-Sehen. Beim Denken. Jetzt erinnere ich mich, wie sehr ich mich damals in diesen Momenten gespürt habe. Jede Faser meines Körpers. Ich habe meinen Ehering an meinem Finger gesehen. Ich habe die aufgesprungene Haut an meinen Fingerkuppen gesehen, vom Unkrautjäten im Schrebergarten. Ich habe meine gebräunten Unterarme gesehen. Ich habe mich mit Ende dreißig noch wie eine junge Frau gefühlt. Ich weiß noch, wie ich Ulla angelacht habe, als sie dort drüben auf meinem Schreibtischstuhl an meinem Sekretär saß und mich beim Zeichnen immer wieder genau gemustert hat. Ihr langes, schwarzes Haar hing herunter und sie trug dieses weiße, weite T-Shirt und ihre abgetragenen Jeans. Ihre Füße waren nackt und ich weiß noch, dass ich sie damals schon so gerne küssen wollte.

Ich saß auf meiner Bettkante mit ein paar Osterglocken auf dem Schoß, die mir Ulla mitgebracht hatte, und dieser Raum war erotisch aufgeladen. So verheißungsvoll aufgeladen, als wäre es vollkommen fraglos, dass wir füreinander bestimmt sind, worauf das Ganze zulaufen würde. Wie jetzt gerade habe ich auch an diesen Tagen jede Form, jeden Umriss wahrgenommen. Das Kratzen des Bleistifts über das Papier. Unser Atmen. Ihre Ohrläppchen. Ihren Armreif. Ihre Wimpern. Und dann hörten wir diesen entsetzlichen Schrei unten im Garten. Wir sind von unseren Plätzen aufgesprungen, kurz bevor wir uns geküsst hätten, sind zum Fenster gestürzt und haben hinunter in den Garten gesehen. Zum wehenden grünen Bambus – SCHSCHSCH –, silbrig rieben sich die dünnen Stängel aneinander. Als ginge ein ganz seltsamer Wind durch die vielen Blätter, die er hin und her wirbelte. Und da lag es, das kleine Lexchen. Kopfüber auf den Treppenstufen. Klara stand daneben und hat gerufen: »Mama!«

Sie stand da in ihrem dunkelblauen Kleid. Die blonden Haare wehten genau wie der Bambus. Ulla schlug gegen die Scheibe, als wollte sie das Glas zertrümmern. Dann dieser entsetzte Blick in mein Gesicht. Dieser vollkommen fassungslose, angsterfüllte, panische Blick. In diesem Blick versammelte sich die gesamte Liebe einer Mutter, die jetzt weiß, dass ihr das eigene Kind genommen wurde. Ihr Mund ging auf. Ihre Hand packte nach meinem Handgelenk und dann drehte sie sich um. Ihr Haar flog und keine Sekunde später war Ulla schon die Treppen nach unten verschwunden. Ich folgte ihr und in diesen wenigen Augenblicken, in denen ich unsere Treppe hinunterlief, um ihr in den Garten zu folgen, meine Hand über das kühle Treppengeländer glitt, gebe ich zu, war ich voller Hoffnung, Lexchen könnte tot sein. Sodass ich die Liebe ihrer Mutter bekommen könnte, die leider nicht für uns beide reichte.

Ich betrat das helle Wohnzimmer. Überall diese hellen Möbel. Der Teppich so hell. Die Wände hell. Das Sofa, das Bücherregal. Alles hell und freundlich. Ich schwebte hindurch, meine nackten Füße fühlten den Teppich, wie ich ganz leicht einsackte und ich sah Ulla auf dem Rasen knien, ihr kleines Mädchen im Arm, eng an ihre Brust gezogen. Sie stand auf, trug Lexchen Richtung Gartentür. Ich lief ihr nach, und als ich in Lexchens Gesicht sah, war alles voller Blut. Ich musste Ulla zwingen, sich mit ihr aufs Sofa zu setzen und zu warten, bis der Krankenwagen da war. An diesem Nachmittag wurde mir das klar. Dass aus Ulla und mir nie etwas werden würde, solange dieses Lexchen ihre Liebe abzapfte.

Ich finde, jetzt hat dieses Kind genug Liebe bekommen. Ich werde nicht vergehen, nur weil dieses Kind – dieses Wunderwerk der Natur – mir mein Leben klaut. Wenn, dann wird dieses Kind vergehen – und zwar endgültig.

LEXCHEN

Wenn Klara jetzt immer noch bei Joschi ist und mich nicht reinlassen will, dann werde ich ihr sagen, dass man so nicht mit Menschen umgeht. Dass wir alle gleich sind. Dass niemand bestimmen kann, wer mit wem befreundet ist. Weil jeder das selbst bestimmen darf. Klara kann gar nicht über mich bestimmen. Die ist nicht der liebe Gott! Auch wenn sie das denkt! Sowieso würde der sich nie so schlecht benehmen! Wir sind nämlich alle seine Schäfchen.

GEORG

Es ist für mich ganz selbstverständlich, einen behinderten Bruder zu haben. Absolut normal, keine große Sache. War nie anders. Von klein auf war Friedhelm Teil meines Lebens. Er konnte nie laufen, robbte immer nur über unseren Teppich im Wohnzimmer, konnte nicht mal einen Löffel halten. Mehr oder weniger leidet er unter der gleichen Behinderung wie Stephen Hawking – nur geistig ist er eben nicht ganz so fit. Aber wer einmal in die Augen meines Bruders gesehen hat, erkennt darin das unendliche Spektrum seines Wesens.

Mit einiger Mühe habe ich ihn gerade auf den Beifahrersitz gehievt und angeschnallt. Mein lieber Mann, er wiegt beinahe so viel wie ich. Trotzdem habe ich ihn ohne fremde Hilfe aus seinem Rollstuhl auf den Autositz gehoben. Vorher habe ich meine Wildlederjacke oben aufs Autodach gelegt, damit ich mehr Armfreiheit hab, und dann haben Friedhelm und ich das zusammen hingekriegt. Ich klopfe ihm auf die Schuler: »Friedi, du hast einen starken Bruder!« Und dann lache ich. Direkt auf dem Parkplatz vom Bahnhof. So, wie ich öfter einfach mal lachen sollte. Es ist doch witzig! Im Gegensatz zu Friedi ist natürlich jeder stark! Ich meine, er kann nicht mal seinen Arm heben. Ich gebe ihm einen Kuss auf seine glatt rasierte Wange – das machen die im Pflegeheim wirklich vorbildlich – und sage: »Ich hab dich lieb, Bad Boy!«

Gerade hat sein Betreuer ihn im Zug hierher begleitet, um mir Friedhelm für die kommende Woche zu übergeben. Ich sage: »Wir werden es uns hübsch machen! Du und ich. Ein paar echte Männersachen!«

Wie zum Beispiel neben dem Komposthaufen stehen und Knäckebrot essen. Friedhelm gibt ein seltsam bestätigendes Geräusch von sich. Ich knalle die Beifahrertür zu und bin so unglaublich guter Stimmung. Ich laufe vorne ums Auto herum, winke Friedhelm noch mal durch die Windschutzscheibe zu und steige auf der Fahrerseite wieder ein. Ich grinse meinen Bruder an, der seinen Kopf leicht in meine Richtung gedreht hat, und sage: »Ich bin so froh, dass du da bist!«

Dann lege ich den Gang ein und Friedhelm und ich düsen los, Richtung Siedlung. Es ist wie in guten alten Zeiten, als ich damals mit Anfang zwanzig gerade meinen Führerschein hatte und Friedhelm und ich die Landstraßen unsicher gemacht haben. Dazu haben wir Bob Dylan gehört. Da war er gerade in seiner Acid-Rock-Phase. Ich hatte mir sogar so ein verwegenes Haarbüschel stehen lassen wie Bob. Es gab Leute in meiner Umgebung, die fanden, dass ich ihm ähnlich sei – nicht sah. Sie sahen auch in mir eine poetische, feine, geniale Seele. Ich geb's zu: Hin und wieder habe ich ein paar Drogen konsumiert und mir solche violetten, eng anliegenden Rollkragenpullover besorgt. Was man eben so macht, in der wilden Phase des Erwachsenwerdens. Bob war mein Vorbild, er hat Drogen genommen, also habe ich auch welche genommen. Er hatte violette Rollis an. Also hatte ich auch welche an. Und als er sich dieses Sandsteinhaus in der Nähe von Woodstock gekauft hat, wusste ich: Ich werde Kulturwissenschaftler! Und: Ich bin es geworden. Interessiert nur niemanden. Es interessiert auch niemanden, dass ich mal Drogen genommen habe und dass ich damit wieder aufgehört habe, als Dylan seinen schweren Motorradunfall hatte. Wir dachten alle, er wird nicht wieder. Gebrochene Wirbel, schwere Kopfverletzungen und so weiter. Irgendwelche Leute meinten sogar, er sei mit schweren Hirnverletzungen im Irrenhaus komplett wahnsinnig geworden oder derart entstellt, dass er nie wieder öffentlich auftreten würde. Na ja, das war die Zeit, in der Friedhelm und ich hier bei uns in Norddeutschland die Straßen unsicher gemacht haben.

»Wir hatten höllisch Spaß, was?«, sage ich zu meinem Bruder, der neben mir im Sitz hängt. So, als wäre seit damals kein bisschen Zeit vergangen. So haben wir früher miteinander geredet. Als wären wir synchronisierte Filmschauspieler aus Amerika. Immer ein bisschen Slang in der Aussprache. »Wir wollten cool sein, oder, Friedi?« Ich stupse ihn mit der Faust an der Schulter an und Friedi macht tatsächlich dieses Geräusch von damals. Eine Mischung aus Lachen und Juhu-Rufen. Total irre. Meine Augen werden geradezu feucht. Ich kann nichts dafür. Ich liebe meinen Bruder einfach so sehr. Wenn es einen Menschen auf dieser Welt gibt, der mich wirklich kennt, für den ich wirklich der Held bin, dann ist das mein gottverdammter Bruder. Und ich sage »gottverdammt«, weil das einfach auch ein Dylan-Ausdruck ist. Es ist keine Beleidigung.

Es ist eine Liebeserklärung. Ich gebe kräftig Gas, damit mein Mercedes einen kräftigen Hüpfer macht, weil Friedhelm das liebt, und jetzt macht er gleich noch mal dieses Freuden-Geräusch und wackelt mit seiner verkrüppelten Hand. Der Junge ist fünfundvierzig Jahre alt, aber wir beide, wir haben es noch voll drauf. Ich schiebe die alte Dylan-Kassette in den Rekorder, Bob legt los und ich gucke raus aus der Windschutzscheibe, raus auf die Straße, das Architekturgebäude der Uni fliegt vorbei und ich fühle meine Jugend. Meine Lebendigkeit. Meine Unvergänglichkeit. Das ist mein Sinn. Hier, in diesem Auto, mit meinem schwerbehinderten Bruder zu sitzen, dessen Seele reiner ist als die von irgendeinem anderen Menschen. Und hätte ich keine Kinder und keine Frau zu Hause, würde ich genau jetzt mit Friedhelm immer weiter fahren, bis ans Ende der Welt! *Yeah!* Auch wenn man als Mann so einen Spruch niemals auch nur denken sollte, weil er einen sofort als komplettes Weichei dechiffriert. Aber ich sage ihn sogar laut: »Friedi, wir beide! Bis ans Ende der Welt!«

Jetzt krieg ich aber gleich einen Wutanfall! Wie Cotsch, wenn es ihr reicht. Wenn die mir nicht sofort die Tür aufmachen, trete ich volle Pulle dagegen! Ich gucke auf die weiße Tür und lausche. Drinnen rührt sich nichts. Bestimmt steht Joschi mit Klara im Flur und wartet mit angehaltenem Atem, dass ich wieder gehe. Mein Herz pocht. Ich will zu Mama. Aber ich weiß nicht, wo sie ist. Sie hat mich ja auch allein gelassen. Genau wie Cotsch. Und Papa ist sowieso nie da. Und wenn er da ist, schreit er rum. In meinem Hals ist ein dicker Kloß. Ich bin allein auf der Welt. Ich höre nicht mal die Vögel piepsen.

Ich drehe mich um, steige die Stufen runter, sehe meine braunen Sandalen. Meine Jogginghose. Meinen Rock mit der Blumenkante, den Mama für mich genäht hat, und gehe über die roten Backsteine langsam Richtung Straße. Und nicht meinen alten Weg, den ich sonst immer gehe, von mir zu Joschi und zurück. Damit ist es vorbei. Diesen Weg gibt es nicht mehr für mich. Mit Joschi hat es sich erledigt. Für immer und ewig. Heute laufe ich an der Straße lang. Hoffentlich ist Mama wieder da. Ich habe nämlich keinen Schlüssel.

»Woher hast du die Schrammen?« Johannes' Finger streicht über meinen Unterarm. Seine Stimme flüstert in mein Ohr. Ich schwimme in seinem Flüstern und gleichzeitig brennt es in meinem Gesicht, meinem Körper. In mir ist so viel Trauer und Schmerz. Als wäre ich der Vulkan Vesuv, kurz vor der Vernichtung Pompejis. Es tobt der pyroklastische Strom in mir und bringt meine harte Schale von innen heraus zum Zerbersten. Johannes' Hand greift plötzlich um meinen Oberarm. Er flüstert wieder: »Sag mir, was dir passiert ist.«

Ich flüstere: »Das kann ich nicht.« Und dann heule ich schon wieder los. Weil ich alles nochmal vor mir sehe. Dieses ganze Grün um mich herum. Blätter. Gras. Bäume. Wie ich renne. Schneller. Schneller, und wie mich dieses Arschloch von hinten packt und mit seiner ganzen verschissenen Kraft auf den Boden drückt, und ich will dieses Keuchen vergessen. Diese Augen. Den Himmel über uns, der alles hat geschehen lassen, ohne gleißende Blitze zu senden.

»Warum kannst du es nicht erzählen?« Johannes rückt noch näher. Seine Arme schließen sich um meinen Oberkörper. Damit ich weiß, dass er mich hält. Dass ich bei ihm sicher bin.

»Weil es so schrecklich ist«, sage ich und gucke auf die schwarz-weiße Fotografie von Mamas Lederstiefel.

»Wer war das?«, fragt Johannes. Ganz ruhig und leise. So, als würde er sich mit all unseren irdischen Belangen bestens auskennen. Als könnte ihn nichts mehr schocken. Als wüsste er längst, was mit mir los ist. Als wäre er der unerschütterliche Bruce Willis aus *Das Model und der Schnüffler*, der kraft seiner Intuition eins und eins zusammenzählt.

Ich sage kaum hörbar: »Falk.«

Es ist still. Ganz still. Johannes lässt mich los und rückt von mir ab. Mein Atem geht flach. Meine Augen sind weit geöffnet. Ich drehe mich zu ihm um, weil ich sein Gesicht sehen will. Johannes setzt sich in den Schneidersitz und nimmt seine Brille ab. Er ist blass.

»Ich hab es mir gedacht.«

»Warum?«

»Was habt ihr gemacht? Wilden Sex? Mit Kratzen und Beißen?« Mit einem Mal klingt Johannes' Stimme verzweifelt oder verletzt.

»Er ... er ...« Ich weiß nicht, was ich sagen soll. Ich weiß es nicht. »Ja«, krächze ich heiser. »Ja, wilden Sex.«

Johannes guckt mich nur sprachlos an. »Warum liegst du dann hier?«

»Ich wollte es nicht«, sage ich und zittere. »Ich wollte es nicht.« Und dann weine ich so sehr, dass der Schmerz aus meinen Augen herausfließt. Ich weine so heftig, dass mein ganzer Körper von einem einzigen heftigen Schüttelanfall erfasst wird. »Es hat so weh getan.«

Johannes rückt eng an mich heran. Mit seinem ganzen Körper. »Ist ja gut. Ist ja gut.« Er umarmt mich. Er schlingt seine Arme und Beine um mich. »Ist ja gut. Ich bin da.«

Und ich flehe: »Bitte lass mich nie mehr los!« Ich kann mich nicht einmal mehr selbst beschützen. Falk Berenstein hat mich besiegt.

Das übersteigt jetzt mein Fassungsvermögen. Was bringt dir totale Intelligenz, wenn du es mit ganz archaischen Ereignissen zu tun bekommst? Wenn du bereits komplett von deinem Verstand, deiner analytischen Scharfsinnigkeit vereinnahmt bist, aber eine archaische Antwort gefragt ist? Eigentlich müsste ich Falk Berenstein jetzt umbringen. Was ich natürlich nicht tun werde. Aber was soll ich dann Archaisches veranstalten, das diesen Falk in seine Schranken weist? Da bin ich – verkopftes Wesen – total überfragt! Erst einmal beschränke ich meine archaische Tätigkeit darauf, dass ich Constanze umklammere und in ihr Ohr flüstere, dass ich bei ihr bin. Sie zittert und ich würde gerne meine Bettdecke über uns ziehen, damit ihr nicht mehr so kalt ist. Wobei ich zugeben muss, dass mir auch entsetzlich kalt ist. Es fühlt sich an, als würde sich mein Körper gerade auf die Größe einer Rosine zusammenziehen. Das sind die Nerven! Die sind total überlastet. Wahrscheinlich haben wir beide gerade einen Nervenzusammenbruch. Damit kenne ich mich bestens aus hat meine Mutter regelmäßig.

Das Fantastische an der Zeit, in der wir leben, ist, dass in diesem Jahrzehnt alles total durchpsychologisiert wird. Keine noch so zarte Gemütsregung bleibt ohne Diagnose. Daher kennen wir Jugendlichen, die aus derartigen »Haushalten« kommen, uns bestens mit Traumata und deren tiefenpsychologischen Folgeerscheinungen aus. Constanzes und mein »Nervenkostüm«, wie es hier in unseren Kreisen gerne genannt wird, ist wund gescheuert. Darum ist uns so kalt. Unsere Körper haben jetzt auf Autopilot geschaltet beziehungsweise aufs Notprogramm. Im Grunde genommen werden gerade nur noch unsere Herzen mit Blut versorgt. Ist das nicht dramatisch schön?

Ich flüstere: »Oh Gott!« Und ich gebe zu, es klingt beinahe so, als würde ich es stöhnen. Vor leidenschaftlicher Begeisterung. Was natürlich auch irgendwie zutrifft. Das Bild, dass Constanzes und mein Herz mit Blut versorgt werden – und alles andere in unseren Körpern nicht mehr –, gibt mir so einen künstlerischen Push, dass ich am liebsten sofort zur Acrylfarbe greifen und eine zimmergroße Leinwand mit unseren beiden Herzen bemalen würde. Dabei kann ich nicht mal malen.

»Hast du abgeschlossen?«, flüstert Constanze und dann schmiegt sie sich noch enger an mich.

RITA

Ich stehe in der Tür meines Zimmers. Ich lasse meinen Blick schweifen. Über all das, was ich dachte, was ich bin, was mich ausstattet, was mich porträtiert, charakterisiert. Die gewebte peruanische Decke über dem Bett. Die roten indianischen Perlenketten an der Wand. Die vielen feministischen Bücher. Virginia Woolf. Susan Sontag. Simone de Beauvoir. Joan Didion. Valerie Solanas. Ja, sogar ein Buch von Alice Schwarzer. Das werde ich nicht vermissen. Meiner Meinung nach sind ihre Theorien zur Geschlechtersozialisation nicht ausgereift. Streng genommen eine Farce. Ein Ärgernis. Ich würde Alice Schwarzer nicht einmal als Intellektuelle bezeichnen. Sondern als eine Frau, die das gesellschaftliche Fell einfach nur gewaltig gegen den Strich bürsten will, um möglichst viel Staub aufzuwirbeln, mit wirren Behauptungen, die natürlich haarsträubend sind.

Auf der anderen Seite muss ich aber sagen, dass ihr Interview, das sie 1973 mit Jean-Paul Sartre und Simone de Beauvoir geführt hat, einzigartig ist. Sehr erhellend. Sehr inspirierend, wobei man natürlich auch sagen muss, dass sogar Simone – und ich verehre sie wirklich – hin und wieder wirklich erschütternde Äußerungen von sich gibt, als würde sie von Jean-Paul beklatscht werden wollen als intellektuelle, hochtheoretische, scharf analytische Frau, als eine, die es endlich geschnallt hat, dass man als Frau auch ohne Monogamie bestens zurechtkommen kann. Ein Nonsens, den sie da von sich gibt! Sie will sogar auf die Vertrautheit zwischen Liebenden pfeifen. Auf seelische Intimität.

Das ist natürlich alles Selbstschutz und Quatsch. Jedem einzelnen Satz von Simone ist unterschwellig zu entnehmen, dass sie sich nach nichts mehr sehnt als nach der einvernehmlichen, bedingungslosen Liebe mit Jean-Paul, die sie natürlich nie bekommen wird, weil er eben auch ein Mann seiner Zeit ist. Und einem Mann seiner Zeit steht die Polygamie offen, also quatscht ihm Simone ganz brav nach dem Mund. Ich bin da schon einen Gedankenschritt weiter. Ich erkenne, dass die Polygamie nirgendwohin führt. Sie zerreißt einem das Herz, wenn ich das mal so verkitscht ausdrücken darf. Man ist als Mensch vollkommen ausgelastet mit der Liebe zu einem Menschen. Die Liebe zu einem einzigen Menschen ist schon kompliziert genug – beziehungsweise nicht die Liebe, die ist gar nicht kompliziert. Die ist, wie sie ist. Liebe. Ohne Pro und Kontra. Weder negativ noch positiv. Sie gehört nicht ins dualistische Denksystem.

Nein, die Beziehung zwischen zwei Menschen ist kompliziert. Sie deckt natürlich alle Fehlerhaftigkeiten auf. Alle kindlichen Prägungen, Schwächen und Ängste. Und um diese Ängste, diese Schwächen, diese kindlichen Prägungen, die einen in der Gefangenschaft halten, die einen nicht offen und gut miteinander sein lassen, loszuwerden, braucht es die Liebe und einen anderen Menschen, der bereit ist, gemeinsam für die jeweilige innere Ordnung zu sorgen, die sich natürlich auch gesellschaftlich widerspiegeln würde. Daran krankt unsere Gesellschaft! An lauter kranken Beziehungen! Und die Beziehung, die jeder zu sich selbst hat, ist auch schon derart konfliktbeladen, dass es gar kein Wunder ist, dass wir alle nicht zueinanderfinden.

Das genau zeigt das wunderbare Interview von Alice Schwarzer mit Simone de Beauvoir und Jean-Paul Sartre! Ein Hoch auf Alice Schwarzer, die natürlich selbst nicht die tiefe Bedeutung ihrer großartigen Arbeit erkannt hat. Sonst wäre sie heute schlauer.

Wie auch immer.

Für mich ist Ulla dieser Mensch, mit dem ich all das diskutieren und überwinden könnte. Um unsere Gesellschaft zu heilen. Wozu sonst der Versuch, es besser zu machen als unsere Elterngeneration? Und genau an diesem Scheidepunkt, an dem mein jetziges Leben mit meiner Familie in diesem Zuhause sein Ende findet, muss ich eine Antwort finden auf die Frage: »Heiligt der Zweck die Mittel?« Wird mein radikaler Entschluss tatsächlich die Erlösung bringen? Aber genau diese Frage mussten sich immer wieder Initiatoren von neuen politischen oder gesellschaftlichen Systemen beantworten. So ist es nun mal. Gesellschaftsformen werden marode, zerbrechen, neue entstehen. Diesem Schicksal ist fast jede Ehe unterworfen! Die kleinste aller Gesellschaftsformen. An unseren funktionierenden Gesellschaftsformen, an unseren Ehen, lässt sich das gegenwärtige Bewusstsein der Menschheit ablesen.

Ich fasse nach der Türklinke, meine nackten Füße fühlen zum letzten Mal meinen hellen Teppich aus reiner Schurwolle. Meine Augen sehen zum letzten Mal aus dem Fenster in unseren Garten hinaus. »Leb wohl, Leben!«, sage ich und ziehe die Tür zu.

GEORG

Mal sehen, ob die Banausen überhaupt zu Hause sind. Ich habe vollkommen vergessen, vor Rita und den Kindern zu erwähnen, dass Friedhelm zu uns zu Besuch kommt. Liegt vermutlich daran, dass Rita und ich momentan nicht so viel miteinander kommunizieren. Solche Phasen macht jede Ehe durch. Allerdings ist diese Phase tatsächlich schon etwas bedenklich, weil sie bereits mehrere Jahre andauert und Rita offenbar einen Narren an diesem Rainer gefressen hat.

Ich werde dieses Bild einfach nicht mehr los, wie er hinter unserer Magnolie mit meiner Frau steht und so aussieht, als würde er sie kräftig bumsen wollen. Vor meinen Augen! In meinem Garten! Im Kreise unserer Nachbarn. In seinem Möchtegern-Le-Corbusier-Hemd. Diese entspannte Coolness geht mir so was von auf den Senkel! Ich schlage aufs Lenkrad, weil ich gerade richtig sauer bin. Friedhelm zuckt zur Seite. Und wenn ich einem Menschen keine Angst machen will, dann meinem Bruder. Ich sage wütend: »Friedhelm, ich bin richtig angefressen! Das kann ich dir sagen!«

Mein Bruder macht so ein jaulendes Geräusch, was kein Mensch verstehen kann. Abgesehen von mir. Es bedeutet so viel wie: »Was ist los, Kumpel? Beruhig dich mal wieder!« Er zieht die Augenbrauen ein wenig hoch und winkt mit seiner verkrampften Hand.

Ich kupple, fahre um die Kurve, am Waldrand entlang Richtung Siedlung. Ich kurble das Fenster etwas runter, ich kriege sonst die Krise. Ich huste. Die frische Waldluft fließt zu uns herein, die Sonne bricht durch die dunklen Baumkronen und die Schatten rollen über die Windschutzscheibe. Ich hole mein Asthmaspray aus dem Handschuhfach und seufze: »Rita und ich haben Eheprobleme. Weißt du ja.«

Friedhelm macht wieder so ein jaulendes Geräusch. Dieses Mal klingt es eher nach: »Erzähl mir mal was Neues.«

Ich nicke und genehmige mir vorbeugend einen Spraystoß. »Zwischen uns hat es sich nicht direkt zum Guten gewendet. Aber ich arbeite dran.«

Mein Bruder seufzt. Wirklich! Er seufzt! Als wäre er ein alter Hase in Sachen Beziehungsprobleme und Herzensangelegenheiten. Als würde er mir meine Anstrengungen nicht glauben. Oder als würde er meine Hoffnung, dass

Rita und ich uns doch irgendwie zusammenraufen, lächerlich finden. Aber das ignoriere ich einfach.

Ich sage: »Was mich aktuell besonders stresst: Dass sich der Mann von Ulla, dieser Halbaffe, an Rita heranmacht.«

Ich schwöre es! Friedhelm lacht! Nicht sein komisches Bellen. Er lacht. Wie ein ganz normaler Mensch. Vor Überraschung holpere ich über die Bürgersteigkante und streife beinahe das Eckhaus von Doktor Gerlach. Ich reiße das Lenkrad herum, wir holpern zurück über die Bürgersteigkante, schlingern die Straße hinunter, an den ersten Häuserriegeln entlang. Als ich den Wagen wieder unter Kontrolle habe, sehe ich meinen Bruder entgeistert von der Seite an. Der hängt wie eh und je in seinem Sitz, komplett in sich zusammengesunken und winkt mit seiner Hand. Offenbar findet er es absurd, dass Rainer etwas von meiner Frau will.

Ich sage: »Du lachst! Neulich standen sie bei unserer kleinen Gartenparty an die Mauer gelehnt hinter unserer Magnolie und haben sich gegenseitig angemacht. Wirklich. So ein Balzverhalten lässt sich ganz klar an der Körpersprache ablesen.«

Friedi seufzt wieder und jetzt sieht das Winken seiner verkrüppelten Hand so aus, als würde er cool abwinken. Von wegen: »Reg dich nicht auf. Deine Frau ist ein vertrockneter Apfel. Das weiß doch jeder!«

»Friedhelm! Du hast die beiden nicht gesehen! Das war ausgesprochen abartig! Und jetzt kriege ich das Bild nicht mehr aus dem Kopf. Egal, wie sehr ich es versuche!«

Ich fahre um die Kurve, an der Längsseite der Siedlung hinunter, wir lassen einen roten Häuserblock nach dem anderen hinter uns, und von Ferne sehe ich das rothaarige

Lexchen. Es ist sofort zu erkennen. Wie der Teufel mit den drei goldenen Haaren. Vermutlich kommt sie gerade von Joschi und rennt nach Hause. Was hat sie denn an? Bei diesen sommerlichen Temperaturen einen Rock und darunter eine Jogginghose. Friedhelm und ich gucken durch die Windschutzscheibe die Straße hinunter, bis wir das kleine Mädchen erreicht haben. Ich werde langsamer, beuge mich über die Beine von meinem Bruder und kurble das Seitenfenster runter. Ich rufe: »Hallo, Lexchen! Guck mal, wer da ist! Mein Bruder Friedhelm!«

Sie bleibt stehen und dreht sich zu uns um. Als sie uns erkannt hat, gleitet dieses niedliche Lächeln über ihr Gesicht. Sie kommt zu uns heran und guckt mit ihren großen grünen Augen ins Auto. »Hallo, Friedhelm! Wie geht es dir?«

Dieses Kind ist der einzige Mensch, der sich mit meinem Bruder normal unterhält. Das kriegen nicht mal meine Familienmitglieder hin. Lexchen streckt ihre kleine Hand ins Auto und schüttelt Friedhelms abgeknickte Hand. Ich finde sie so süß. Mit all ihren Sommersprossen. Wirklich. Ich könnte sie auffressen. Wenn ein erwachsener Mann das sagt, klingt es seltsam. Ich weiß. Aber ich meine es absolut unschuldig. Ich finde sie süß, so, wie man Katzenbabys oder Lämmer süß findet. Einfach süß. Ist das verboten? Dass man süße Lebewesen süß findet? Ich tue ihr ja nichts! Friedhelm macht sein gurgelndes Geräusch, was definitiv heißt, dass er sich ebenfalls freut, Lexchen zu sehen. Er erkennt sie. Das merke ich sofort. Und er findet sie auch süß. Sie grinst ihn an und dann sagt sie zu mir mit seltsam gravitätischer Stimme: »Ich schätze, Klara ist noch bei Joschi.«

Ich frage: »Warst du gerade da?«

Sie nickt. »Aber die machen mir nicht die Tür auf. Weil sie jetzt Zwillinge sind.« Lexchen hört auf ein freundliches Gesicht zu machen. Dafür starrt sie mich plötzlich wütend an.

»Klara und Joschi? Seit wann sind die beiden Zwillinge?« Ich bin irritiert. Sie sind doch nicht mal Geschwister. »Wie soll das gehen?«

»Rita hat ihnen die gleichen Anziehsachen besorgt.« Lexchens Blick verdunkelt sich und mit einem Mal sieht sie tief getroffen aus. Und gleichzeitig so, als würde es gewaltig in ihr brodeln. So kenne ich sie gar nicht.

»Aha.« Hab ich da etwas verpasst?

Lexchen geht weiter. »Ich muss jetzt mal nach Hause!« Sie winkt uns zu und dann biegt sie ab, flitzt den breiten Weg hinunter, an ihrer Häuserreihe entlang. Durch das wilde Schattenspiel der üppigen Bepflanzung, die sich zwischen den Mauern ihren Freiraum für ihre Expansion sucht.

Ich sage: »Nanu! Was war das denn?« Hier in der Siedlung scheinen einige Leute Beziehungsprobleme zu haben. Meine Frau kann nicht aufhören, ihre Kinder an andere Leute zu verhokern, um sich selbst Raum zur eigenen Gestaltung zu verschaffen. Genauso, wie sie es mit Johannes und Constanze versucht hat. Halb in Gedanken sage ich: »Sie muss aufhören, ständig irgendwelche Leute mit unseren Kindern verkuppeln zu wollen.«

Friedhelm nickt vor sich hin und sieht ziemlich glücklich aus. Weil er Lexchen getroffen hat. Zwischen den beiden existiert eine ganz und gar urteilsfreie Verbundenheit. Ohne Zwang.

Ich gebe wieder ein wenig Gas und Friedhelm und ich rollen um die Siedlung herum, an den drei Hochhäusern vorbei, die außerhalb der Siedlung im Abendrot stehen, bis wir auf der anderen Seite der Siedlung unsere Häuserreihe erreicht haben. Gerade will ich auf den Garagenhof fahren, als ich Rita entdecke, die aus unserer Gartentür kommt. Mit umgehängter Reisetasche bewegt sie sich schnellen Schrittes ins Innere der Siedlung. Ich vermute mal, sie will zu Ulla. Aber warum mit Reisetasche? Hatte sie vor, mit Ulla zu verreisen? Haben wir darüber geredet? Ich erinnere mich an nichts. Ist heute nicht sogar das Vorspiel bei Berensteins? Oder war das erst morgen? Mist!

Oder rennt sie zu Rainer?

Treffen sich die beiden heimlich im Hotel? Vorne an der Schnellstraße? Ich weiß nicht, was mit mir los ist. Ich kann es ehrlich nicht sagen. Normalerweise bin ich kein eifersüchtiger Mann. Bisher habe ich meine Ehe als eine fraglose Vereinbarung zwischen Rita und mir verstanden. Als einen sicher gesteckten Rahmen, in dem wir uns beide bewegen und uns so gut es geht aus dem Weg gehen. Aber es war nie die Rede davon, dass wir diesen Rahmen verlassen.

Ich drücke das Gaspedal durch, der Mercedes hüpft. Mein Bruder macht das Freudengeräusch und ich rase erneut um die Siedlung herum, natürlich gemäßigt, um kein Siedlungskind zu überfahren. Ist doch klar. Nichtsdestotrotz will ich Rita rechtzeitig abfangen, bevor sie mir entwischt. Oder auf frischer Tat ertappen. Wie auch immer man es sehen will.

RITA

Ich weiß nicht, wo genau das enden soll. Ich weiß es nicht. Und dennoch tue ich es. Ich sehe schon alles genau vor mir, jetzt, wo ich mit meiner Reisetasche zu Ulla unterwegs bin. Zu Hause habe ich ein paar Müsliriegel, eine Apfelsaftflasche, zwei Äpfel und zwei Käsebrote zusammengesammelt und zu meiner Leinenbluse, dem dunkelblauen Hosenrock und den Strickpullovern gepackt. Socken, meine Toilettentasche. Ich habe alles dabei. Damit laufe ich über die dämmrigen Gartenplätze unserer Siedlung, auf denen Klara und Johannes früher mit all den anderen Kindern Fangen gespielt haben. *Fischer, Fischer, wie tief ist das Wasser?* Violettes Abendlicht ballt sich über mir, das gleich über die flachen Häuserdächer hinwegziehen wird, hinüber zum Wald, um sich weiter hinten über den Feldern im Himmel aufzulösen.

Ich laufe, in der Hoffnung, niemandem zu begegnen. Niemand soll ahnen, was ich vorhabe. Niemand soll mich sehen. Ich kreuze den Mittelweg und Klara kommt mir mit dem vollen Einkaufsbeutel entgegen. Vorhin habe ich sie direkt zum Einkaufszentrum geschickt, als sie viel zu früh von Joschi zurückkam. Der Dummkopf hat sich ein Stück Kerzenwachs ins Ohr gesteckt und Ella musste mit ihm in die Notaufnahme. Warum ausgerechnet heute, wo ich Klara doch so erfolgreich bei Joschi untergebracht hatte?

Also habe ich ihr umstandslos den Einkaufsbeutel in die Hand gedrückt und Geld, um sie aus dem Weg zu schaffen. Damit mir Klara keine Fragen stellt, wenn ich meine Sachen packe und Käsebrote schmiere. Ich habe gesagt: »Hol ein paar Dosensuppen.« Damit genug Essen da ist, wenn ich weg bin. Damit Klara nicht sieht, dass ich mit Reisetasche aufbreche. Ich winke ihr zu. Sie hat gerade erst am Ende des Mittelweges die Siedlung betreten. Ich winke ihr zu und rufe: »Bin gleich wieder da!«

Sie rennt los: »Warte!« Der Beutel schlackert um ihre Beine. Mein Kind rennt direkt auf mich zu. »Warte, Mama!«

Ich bleibe stehen. Sehe meinem Kind entgegen, das so tapfer mit diesem schweren Einkaufsbeutel läuft, nur um mich zu erreichen. Hinter ihr recken sich die drei Hochhäuser in den Himmel. »Ich will mit dir mitkommen!«

Ich schüttle den Kopf. »Ich bin gleich wieder da! Geh nach Hause! Ich bin gleich wieder da!« Ich mache einen Schritt, damit sie versteht, dass ich es eilig habe.

Meine Tochter ruft: »Ich will mit. Wohin gehst du?«

Soll noch einer sagen, dass Kinder keinen siebten Sinn haben. Sie spüren alles. Alles. Alles. Alles. Du kannst keinen Schritt tun, ohne dass sie dir auf die Schliche kommen.

»Ich will nur kurz etwas überprüfen«, sage ich.

»Was willst du denn überprüfen?«

»Welche Größe Lexchen hat, damit wir ihr auch Zwillingskleider besorgen können.«

Klara bleibt stehen. Ihre Schultern hängen. Ich lächle und verschwinde den Gang hinunter in Richtung Ullas Zuhause. Manchmal muss man als Mutter Sätze sagen, die im Kind eine kurze Irritation auslösen, um sich selbst Freiraum zu verschaffen. Johannes' Zimmertür war abgeschlossen. Bevor ich gegangen bin, habe ich ihn nicht noch einmal gesehen. Georg war unterwegs. Ein leichter, unkomplizierter

Abschied. Nur Klara ruft: »Kommst du gleich nach Hause, Mama?«

Ich gehe den Gang hinunter, den ich in den letzten fünfzehn Jahren so viele Male hinuntergegangen bin. Ich kenne jeden Strauch, jeden Ast, der über die Mauern ragt. Klettergerüstspitzen. Kletterrosen. Die hohe Birke mit ihren flirrenden Blättchen. Ihre Blütenkätzchen, die wie gelbe verlorene Wesen auf den Backsteinen liegen. Jedes Fenster. Jeden Vorhang. Den Blick hinüber zu den Bäumen hinter der quergestellten Häuserreihe. Den Himmel darüber. Das Amselzwitschern. Mit jedem Schritt trete ich aus meinem alten Dasein heraus, in eine neue Zukunft hinein. Ich nehme alles so überdeutlich wahr, vermutlich weil ich seit Langem wieder ein festes Vorhaben habe. Ich werde mir Lexchen holen. Ich werde sie mir holen. Ich habe Äpfel für uns dabei. Für jeden ein Käsebrot. Die Müsliriegel, die Klara so gerne mag. Nein, ich komme nicht wieder nach Hause, mein Kind.

Von Klara habe ich auch noch ein paar alte Kleider aus den Kartons geholt, die eigentlich schon längst im Keller stehen sollten. Jetzt versperren sie den Weg im Flur. Ist nicht mehr mein Problem. Wie man sieht, ergibt alles einen Sinn. Es war keine große Anstrengung für mich, die nicht weggeräumten Kartons aufzuklappen, hineinzugreifen, das Passende herauszusuchen und auch noch in meine Reisetasche zu packen. Gut, dass ich Klaras Kindheit weggeräumt habe. So wusste ich gleich, wo alles liegt.

ULLA

Wir liegen nackt nebeneinander im Bett. In unserer weißen Bettwäsche. Glücklich und erfüllt, wie John Lennon und Yoko Ono. Auf diesem Foto, auf dem sie sich in ihrem Bett für den Frieden einsetzen. Ich lächle und drehe meinen Kopf. Ich sehe meinen Mann an. Und er dreht nicht nur seinen Kopf, sondern seinen gesamten Körper zu mir, sodass er dicht bei mir liegt. Vorsichtig streicht er mir meine Haarsträhnen aus dem Gesicht. »Na, Ulla?«

Ich lächle noch mehr und habe das Gefühl, mich in Rainers Augen zu verlieren. In seinem ganz persönlichen, endlosen, ewigen Universum. Ich liebe ihn. Ich liebe dich.

Ich liebe dich.

Fühlen wir beide. Ich schmiege mich an meinen nackten Mann. Streiche über seine warme Haut. Ich küsse seine Brust. Seinen Hals. Ich gebe diesen wohligen Laut von mir. Seit meinem dreißigsten Lebensjahr habe ich nicht mehr diesen Laut von mir gegeben. Dabei lag mein Mann immer neben mir. Was hat sich von damals auf heute verändert? Unsere Töchter wurden geboren. Wir wurden Eltern. Wir haben unser Büro gegründet. Haben uns ineinander verkeilt. Uns missverstanden. Uns abgewendet. Uns alleine gelassen. Unsere Tochter wurde vergewaltigt. Damit wir wieder zusammenfinden? Hat sie sich geopfert? Oder wurde sie geopfert? Ist Constanzes Vergewaltigung das Symbol für unser Versagen?

Eben habe ich Lexchen von unten rufen hören. Also vor etwa zwanzig Minuten. Zehn Minuten? Wenn man miteinander schläft, wenn man Sex hat, ist Zeit schwer einschätzbar, absolut relativ. Es kann auch schon länger her sein. Ich richte mich auf. Meine Haare hängen herunter. Genau wie bei Yoko Ono. Im Bett. Zum ersten Mal, seitdem ich Mutter bin, habe ich meinem Kind nicht geantwortet. Ich ziehe die Bettdecke höher und sehe Rainer an. Er schiebt mein Haar zur Seite. »Was ist?«

»Lexchen hat vorhin gerufen.«

»Ich habe es gehört.«

Mein Herz klopft. Ich weiß, Rainer mag es nicht, wenn ich gleich wieder sorgenvoll wirke, weil ich damit alles kaputt mache. Weil es zwischen uns nur funktioniert, wenn ich nicht sorgenvoll bin. Darum versuche ich, nicht beunruhigt zu wirken. Auch wenn ich innerlich unter Strom stehe. Ich höre niemanden unten. Kein Kind, das durch den Flur läuft. Keine Tür, die klappt. Kein Lexchen-Singen. Vielleicht ist Lexchen wieder runter in den Keller gegangen und nutzt aus, dass ich gerade nicht auf ihren Fernsehkonsum achte. Ich sage mit heiserer Stimme: »Ich höre nichts.«

Rainer setzt sich auf. »Ich auch nicht.«

Ich weiß nicht, ob ich aufstehen soll. Oder ob dann zwischen uns alle Zärtlichkeit wieder vorbei ist. Ob Rainer wütend wird. Ist mir egal. Meine große Tochter wurde vergewaltigt. Jetzt bin ich wütend. Weil Mütter auf ihre Kinder aufpassen müssen. Und ich habe sie nicht beschützt. Und ich lasse mir nicht länger verbieten, mich zu sorgen. Ich tue das, was eine Mutter tun sollte! Ich schaue nach, wo mein kleines Lexchen ist. Ich schlage die Bettdecke zur Seite. Dann soll Rainer doch wütend werden. Ich werde wütender sein. Meine Haare fliegen. Rainer hält mich am

Oberarm fest. Aber nicht schmerzhaft fest. Eher sanft. »Warte! Ich gehe.«

»Was?«

Er gibt mir einen Kuss auf die Lippen. Einen unglaublich weichen, unglaublich männlichen Kuss auf die Lippen. Er steigt über mich drüber. Er gibt mir noch einen Kuss. »Bleib liegen. Ich bin gleich wieder da.«

Ich sehe meinen nackten Mann, wie er aus unserem gemeinsamen Ehebett aufsteht. Wie er nackt aus unserem gemeinsamen Schlafzimmer geht. Stark. Voller Liebe. Kräftig. Mit mir im Einklang. Ich weine. Ich sitze in unserem Bett und weine vor Überwältigung. Dies ist Erfüllung. Großes Glück. Heimkehr. Wonne. Ich bin empfangen worden in allem, was ich bin und nicht bin. In meiner unvollkommenen Vollkommenheit. Fraglos, wie ein Kind im Schoß seiner Mutter. Und doch ganz anders.

Unten klingelt es. Ich sehe aus dem Fenster in die Akazie hinaus und ich bin zu Hause. Ich sehe unsere Schränke, in denen die Handtücher ordentlich gestapelt liegen, und weine. Es klingelt wieder. Ich sehe, wie die kleine Cotsch nachts zu uns ins Zimmer kommt. Steht da in ihrem Nachthemd in der offenen Tür wie ein kleiner, vom Mond angestrahlter Engel. »Mama«, wispert sie. »Mama, darf ich zu euch kommen?« Rainer springt über mich drüber und schlägt unser Töchterchen. Einem siebenjährigen Mädchen ins Gesicht! Sie wollte sich nur zu mir legen, weil sie einen Albtraum gehabt hatte. Es klingelt. Ich weine. Ich weine. Ich weine. Wir haben versagt. Ich habe versagt. Rainer hat versagt. Woher ich das weiß? Weil wir eben gerade aufgehört haben, zu versagen.

»Lexchen!« Von unten höre ich ihn rufen.

Stille. Rainer läuft durchs Haus. Stille. Ich höre nichts mehr.

»Alexa!« Seine Stimme klingt komisch. »Alexa!« Ich höre die Terrassentür klappen. »Alexa!« Jetzt ist Rainer im Garten. Ich krabble über das Bett, springe auf, zum offenen Fenster. Ich sehe ihn nicht. Die Pergola versperrt mir die Sicht. Die weit ausladenden Äste der Akazie. Alles grün. Das Flattern der Taube in den Zweigen. »Alexa!« Seine Stimme klingt aufgeregt. Er ruft das, was ich sonst rufe. »Alexa!« Mein Mann ruft nach unserem Kind. Ich rufe nach meinem Mann. »Rainer?«

Er antwortet nicht. Ich steige nackt aus dem Fenster auf die Pergola, um von hier aus in unseren Garten zu sehen. Ich balanciere auf den dunkelgebeizten Streben, die an den Verbundstellen schon morsch sind. Überall Zweige. Blättchen. Flügelschlagen. »Rainer?« Verschwommen sehe ich ihn, wie er unten im Garten, nackt unter den Zweigen hindurch, unter unserer Akazie, die wir damals als Studenten an diesem heißen Nachmittag als kleines Pflänzchen am Bahndamm ausgegraben haben, aus dem Garten auf den Platz hinausläuft. »Alexa!«

ELLA

Ich weiß, ich sollte mir jetzt Sorgen um meinen Jungen machen. Joschi sitzt still neben mir in der Notaufnahme und wir warten, dass ein Arzt kommt und sich die Sache mit dem Wachs in seinem Ohr anguckt. Joschis Hand liegt auf meinem Bein. Er ist ganz still, weil er Angst hat. Die kann ich ihm gerade nicht nehmen, weil ich genug mit mir selbst zu tun habe. Mein Mann hat eine Affäre. Ich weiß es seit gestern Mittag. Ich habe es herausgefunden, wie Hausfrauen es im Allgemeinen herausfinden. Ich habe seine Hosen in die Wäsche tun wollen und dabei einen Zettel in der Hosentasche gefunden. Frauenhandschrift. Kleine süße Nachricht. Der ganze kitschige Klassiker. Alberne Tussi-Schrift. Ich brauche gar nicht weiter darüber nachzudenken, was das für uns zu bedeuten hat. Es ist sowieso schon alles klar. Sekretärin. Hübsch. Kinderlos. Jung. Geschminkt. Lange, blonde Haare, aufgrund ihres Alters naiv und skrupellos. Mein Mann weiß nicht, wie ihm geschieht. Fährt sich nervös durchs Haar und macht: »Uff!« Es kam alles so überraschend für ihn. Eigentlich wollte er das alles gar nicht.

Als ich ihn gestern Abend darauf angesprochen habe, hat er natürlich erst mal versucht, meine Vermutungen abzustreiten, so zu tun, als wäre ich verrückt, würde Gespenster sehen. Dann – als das nicht geklappt hat – hat er eilig die andere Nummer versucht. Hat sich vor mich auf den Teppich gekniet und mich angefleht. »Bitte verlass mich nicht!«, ohne überhaupt zu wissen, ob er mich nicht in Wahrheit für seine junge, skrupellose Sekretärin verlassen will. Zum

Glück war Joschi schon im Bett und hat von diesem ganzen Zirkus nichts mitbekommen. Ich will überhaupt nicht, dass er erlebt, wie Bernhard und ich uns streiten. Ehestreit vor Kindern ist ein absolutes Tabu. Die Kinder kriegen sofort das Gefühl, dass sie diese bedrohliche Sache regeln müssen, ohne konkret zu wissen, worum es überhaupt geht. Wobei das natürlich auch nicht stimmt. Kinder wissen immer genau, worum es geht. Für sie ist die Sachlage ganz einfach: Entweder gehörst du zu den dummen Menschen, die sich voneinander abwenden und sich grauenhafte Schmerzen zufügen, oder du bist einer von den klugen Menschen, die fähig sind zu lieben und nett zueinander sind. Totales Schwarz-Weiß-Denken, aber am Ende ist es genau so.

Ich tätschle Joschis kalte Hand. Meine Hand ist noch viel kälter. Ich bin so froh, dass ich regelmäßig meditiere. Dadurch schaffe ich es zumindest, nicht vollkommen auszurasten. Ich bin nicht Opfer meiner Reflexe und Reaktionsmuster. Und trotzdem bin ich irre aufgewühlt. Bisher habe ich mich nicht unbedingt als Frau begriffen, die von ihrem Mann betrogen wird. Ehrlich. So eine Sache hatte ich gar nicht auf dem Schirm. Kommt für mich in einer Ehe überhaupt nicht infrage. Können andere machen, dachte ich immer. So einen Unfug. So ein Durcheinander. So einen Betrug. Ganz ehrlich! Würde mein Mann seinem Chef nur zehn Pfennig aus dem Portemonnaie klauen, würde er fristlos entlassen werden, weil der Chef meinem Mann nie wieder vertrauen würde. Klauen ist in unserer Gesellschaft ein ganz klares Verbrechen. Aber die Ehefrau zu betrügen ist okay? Der Betrug wiegt für mich viel schwerer. Wir haben eine Familie! Wir haben ein Kind! Joschi und ich haben auf Bernhards Schutz vertraut. Aber er betrügt uns. Der Vater meines Sohnes betrügt die Mutter seines Sohnes! Das muss man sich mal auf der Zunge zergehen lassen! Ich werde ihn verlassen. Klarer Fall. Ich werde Bernhard verlassen. Ist okay. Wir werden in eine kleinere Wohnung ziehen. Joschi und ich. Da machen wir es uns gemütlich. Wir hängen Bilder auf. Dann bin ich eben eine alleinerziehende Mutter. War nie mein Traum, aber immer noch besser, als meine Würde zu verlieren. Ich lächle Joschi an. Auf dem Gang huscht eine Krankenschwester vorbei. Ich drücke die Hand meines Sohnes und sage: »Ich glaube, gleich sind wir dran.«

GEORG

Friedhelm und ich sind drei Mal um die Siedlung gefahren und sogar ein Mal mittendurch, obwohl das nicht gerne gesehen wird. Die Wege sind reine Fußgängerbereiche. Aber trotzdem sind manche von ihnen so breit, dass die Feuerwehr durchkommt – oder Friedhelm und ich. Nichts zu machen. Meine Frau ist wie vom Erdboden verschluckt. Ich dachte, wir erwischen sie noch, bevor sie in Ullas Haus verschwindet. Aber offenbar waren mein Bruder und ich nicht schnell genug. Wir rollen den Mittelweg hinunter, Bärbel Wieland kommt uns mit ihren schicken Leinen-Einkaufstaschen auf dem Mittelweg entgegen und muss uns Platz machen, damit wir mit meinem Mercedes durchkommen.

Sie stellt sich mit dem Rücken gegen die Mauer, sodass ein paar Efeublättchen in ihrem gepflegten Gesicht hängen. Sie lächelt. Tut mir leid. Ich rufe durchs offene Fenster: »Kommt nicht wieder vor! Ist ein Notfall!«

Sie nickt freundlich und ich passe auf, dass ich ihr nicht über die Füße in den dunkelblauen Slippern rolle. Bärbel Wielands Mann ist Rechtsanwalt. Rita meint, die haben sehr viel Geld. Fahren ständig in Urlaub nach Südfrankreich, wo sie ein Ferienhaus besitzen und Rotwein horten. Friedhelm winkt mit seiner speziellen Winke-Hand und dann holpern wir am Ende des Mittelweges langsam auf die Straße zurück und jetzt habe ich es nicht mehr eilig, nach Hause zu kommen. Im Schritttempo fahren wir um die Siedlung, bis wir wieder auf dem Garagenhof ankommen. Ich hole Friedis Rollstuhl aus dem Kofferraum, klappe ihn auf und hieve meinen Bruder hinein. Als das erledigt ist, stelle ich den Wagen in die Garage, haue die Klappe zu und schiebe Friedhelm über die Grasbüschel, die zwischen den Backsteinen wachsen, zu unserer Gartentür.

Ich schließe auf, ziehe Friedhelm hinter mir her, wende seinen Stuhl und dann, Stufe für Stufe, bugsiere ich ihn die Treppe hinunter. Am Komposthaufen und an der Magnolie vorbei. Mein Blick schweift über den moosigen Rasen, über die dunkle Fensterfront, die das Wohnzimmer vom Garten abtrennt. Ich sehe nicht, dass sich dahinter jemand bewegt. Keins meiner Kinder. Keine Rita. Ich sage: »Ich habe keine Ahnung, ob jemand zu Hause ist.«

»Hallo, Papa!«

Klara taucht hinter dem hohen Bambusstrauch auf und hat ihr graubraunes Kaninchen im Arm.

»Hast du geweint?« Ich schiebe Friedhelm auf den Rasen und gehe auf meine Tochter zu, deren Augen gerötet sind. Sie drückt ihr Kaninchen an sich und versucht zu lächeln. Gleichzeitig weint sie.

»Was ist denn los?« Ich weiß jetzt gar nicht, ob das ihre Tierhaarallergie ist.

Sie zuckt mit den Schultern und ich gebe mir Mühe, mein Kind an mich zu drücken, was nicht so gut geht, wenn es gleichzeitig ein riesiges Kaninchen auf dem Arm hat. Also nehme ich das Kaninchen und setze es Friedhelm auf den Schoß. Er wird sich schon darum kümmern. Zumindest macht er gleich eine begeisterte Miene und winkt aufgeregt.

Ich knie mich vor Klara hin und stehe dann wieder auf, als ich merke, dass sie inzwischen so gewachsen ist, dass wir nicht mehr auf Augenhöhe sind, wenn ich knie. Mein Gott! Wie lange habe ich mein Kind nicht mehr getröstet? Wo war ich? Ich war doch zu Hause! Wo war mein Kind? Zu Hause, oder nicht? Warum sind wir uns nie begegnet? Wahrscheinlich stand immer Rita dazwischen. Als hätte ich als Vater keine Ahnung, wie man Töchter tröstet. Oder zumindest mit ihnen redet. Tatsächlich fällt mir jetzt erst auf, dass all die Jahre eine klare Aufteilung zwischen uns bestand: Rita kümmert sich um Klara. Georg kümmert sich um Johannes. Aber ist das überhaupt richtig? Hat nicht auch jedes Mädchen ein Recht auf seinen Vater? Jeder Sohn ein Recht auf seine Mutter? Haben wir nicht alle männliche und weibliche Anteile in uns, die sich entwickeln wollen, um ein ausgewogenes Ganzes zu ergeben?

Über uns fliegt das rote Licht des Abends hinweg. Der

Bambus säuselt und ich ziehe meine Tochter an mich und streiche über ihr Haar. Sie schlingt ihre Arme um mich und ich würde sagen: Der Tag ist voller erfüllender Momente. Für mich als Bruder. Als Vater. Als Nachbar. Ich frage noch mal: »Was ist denn los? Warum weinst du?«

Klara redet irgendetwas in den Kragen meiner Wildlederjacke, sodass ich sie nur ganz schlecht verstehen kann. Zumindest schnappe ich die Begriffe »Zwillingskleider« auf. Und »Lexchen« und »Joschi«. Und mit einem Mal erfüllt mich ein Stolz, ein unglaublich erhebender Stolz, weil ich das Gefühl habe, bereits voll im Bilde zu sein. Wie es ein informierter, ein interessierter, ein moderner Vater sein sollte, der Zeit mit seinen Kindern verbringt. Der weiß, was sie beschäftigt, was sie umtreibt, was sie seelisch belastet. Fast knie ich wieder auf dem Rasen, weil ich das starke Bedürfnis habe, meinem Kind in die Augen zu sehen. Aber momentan ist das eben aufgrund unseres unpraktischen Größenverhältnisses schlecht zu synchronisieren. Ich richte mich wieder auf, nehme Klaras Hand und wir gehen rüber zum ummauerten Hochbeet. Da setzen wir uns auf die Kante, strecken die Beine aus und ich sage: »Verstehe. Du und Joschi, ihr seid Zwillinge, weil ihr Zwillingskleider habt.«

»Wir sind keine Zwillinge mehr.«

»Aber ihr habt Zwillingskleider?«

Klara nickt und starrt böse vor sich hin. »Ja, weil Rita denkt, dass wir uns dann wie Zwillinge fühlen.«

»Aber ihr fühlt euch nicht wie Zwillinge?«

Klara schüttelt den Kopf und schnieft: »Joschi hat sich ein Stück Kerzenwachs in sein Ohr gesteckt. Das würde ich niemals machen! Aber Lexchen würde es sofort machen und jetzt will Rita ihr auch noch Zwillingskleider besorgen. Damit sie sich mit uns wie ein Zwilling fühlt! Aber es gibt keine Zwillinge, die zu dritt sind. Das sind Drillinge! Und ich hasse Drillinge!«

»Drillinge sind doch total witzig«, sage ich. Wobei ich zugeben muss, dass ich die ganze Sache mit den Zwillingskleidern regelrecht absonderlich finde.

Klara pult ein paar lose Bröckchen aus der Mauerkante. »Die sind überhaupt nicht witzig! Vor allen Dingen, wenn sich zwei Drillinge besonders gut verstehen und der dritte Drilling nicht so bekloppt ist wie die anderen beiden Drillinge, die sich Bienenwachs in die Ohren stopfen.«

»Verstehe.« Ich gucke hinüber zu Friedhelm, der noch immer das dicke Kaninchen auf den Knien hat und zu uns rüberblinzelt. Ich sage: »Guck dir Friedhelm an. Er ist mein Bruder.«

»Ich weiß.« Klara zappelt mit ihren Beinen.

»Sieht er aus wie ich?«

»Nein?«

»Macht er die gleichen Sachen wie ich?«

»Nein.« Klara kichert.

»Hat er die gleichen Klamotten an wie ich?«

»Nein!«

»Müssen Friedhelm und ich in Zwillingsklamotten herumlaufen, nur damit wir wissen, dass wir Brüder sind?«

»Käse!«

»Siehst du! Niemand braucht Zwillingsklamotten, um zu wissen, dass man sich liebt. Mama und ich haben ja auch keine Zwillingsklamotten an«, sage ich.

»Ihr liebt euch ja auch nicht!«, sagt Klara und sieht mich mit ihren hellblauen Augen an.

Ich nicke. »Punkt für dich.«

JOSCHI

Ich freue mich schon darauf, Lexchen davon zu erzählen, dass ich mir ein aerodynamisch geformtes Wachsstück ins Ohr gesteckt habe. Sie wird sich wegschmeißen vor Lachen. Es war voll kompliziert, das wieder aus meinem Gehörgang zu kriegen. Der Arzt musste richtig hart arbeiten. Ich fasse nach Mamas Hand und wir gehen gemeinsam durch die Kinderstation vom Krankenhaus, an so einer dunkelgrün lackierten Holzeisenbahn vorbei und an selbstgemalten Bildern an den Wänden. Strichmännchen mit blutenden Wunden und Verbänden. Vermutlich von Kindern, die hier mit schweren Verletzungen lagen. Bei mir hat es fast gar nicht wehgetan. Leider hat der Arzt das Wachsstück total zerstören müssen, um es überhaupt wieder ans Tageslicht zu befördern. Eigentlich hätte ich es gerne wieder mitgenommen. Ich küsse Mamas Hand und sage: »Ich hab dich lieb.«

Sie küsst mir auf den Kopf: »Du warst wirklich sehr tapfer.«

Ihr langes Batikkleid schwingt um uns herum, und als wir aus der Kinderstation herauskommen, wird es draußen dunkel, die Amseln zwitschern in den Zweigen und Mama kniet sich draußen am Ausgang vor mich hin, um mir in die Augen zu gucken. Aber dafür bin ich inzwischen viel zu groß. Mama steht schnell wieder auf und beugt sich zu mir herunter. Sie gibt mir noch einen Kuss auf die Wange und sagt: »Weißt du, dass du hier geboren wurdest und sie dich schnell auf die Intensivstation bringen mussten, weil ... mit deinem Herzen etwas nicht stimmte?«

»Coole Aktion, was?« Ich grinse, weil ich mich an nichts erinnere. Schließlich war ich gerade erst geboren. Winzig. Total neu auf der Welt.

Mama lächelt. Sie hat diesen grünsilbrigen Lidschatten, wie eine Seejungfrau. »Papa und ich hatten große Angst um dich. Wir dachten, wir ... du warst so klein und so ahnungslos. Du hast uns fragend angesehen und ... überall waren diese Schläuche und ... deine großen Babyaugen und diese winzigen Händchen, die nach meinem Finger gegriffen haben ...«

Und dann heult Mama los. Sie heult so was von los, dass ich gar nicht weiß, was ich machen soll. »Alles klar.«

Jetzt übertreibt Mama ziemlich. Ich meine, soll jeder mitkriegen, dass meine Mutter heult? Das wäre mir richtig peinlich. Ich nehme sie an die Hand und ziehe sie rüber zur Bushaltestelle, wo zum Glück gerade niemand steht und auf den Bus wartet. Ich schiebe Mama zu den grasgrünen Plastiksitzen und suche in ihrem Beutel nach Taschentüchern. Als ich die Packung endlich in dem ganzen Durcheinander aus Halstüchern, Schminktäschchen und einem Buch gefunden habe, gebe ich es ihr. Mama schnäuzt sich und schluchzt immer weiter. Ich streiche über ihren Rücken und halte ansonsten Ausschau nach Leuten, die uns beobachten könnten. Ich sage: »Jetzt ist doch alles gut mit meinem Herzen. Ist doch alles gut. Ich lebe!«

Mama sieht mich mit roten Augen an. Die ganze grünsilbrige Schminke ist verlaufen. Sie schüttelt den Kopf und zerknüllt das Taschentuch in ihren Händen. »Ich wollte immer eine kleine Familie haben.«

»Hast du doch.« Ich weiß nicht, was die ganze Panik soll. Mama schluckt und ihr Kinn zittert, als würde sie sich ununterbrochen erzählen, wie süß ich als herzkrankes Baby mit den großen Augen war. Scheinbar braucht sie das jetzt mal, alles rauszulassen. Vielleicht hat das was mit dem Streit von gestern Nacht zu tun. Mama und Papa haben sich oben im Schlafzimmer extrem angeschrien. Anschließend hat Papa unten auf dem Sofa geschlafen, was ich offiziell natürlich nicht weiß. Aber manche Sachverhalte kann man sich ganz einfach zusammenreimen. Türenknallen. Licht im Flur. Schreien. Das ganze Programm.

Aber heute Morgen war alles wieder weggeräumt. Keine Bettdecke im Wohnzimmer. Eine lächelnde Mama. Papa war schon weg. Ich frage: »Sind wir keine kleine Familie mehr?«

COTSCH

An alle, die jetzt irgendwie meinen, mich verurteilen zu müssen: Spart es euch! An alle oberschlauen Spießbürger, die meinen, dass es seltsam ist, wenn ein vergewaltigtes Mädchen einem Jungen ein paar Stunden später einen runterholt: Ihr habt keine Ahnung, wie stark jahrelange Konditionierungen wirken können!

Fickt euch!

Mein Kopf liegt auf Johannes' nackter Schulter. Ich liege in seinem Arm. Mein Bein angewinkelt über seinen Beinen. Er hatte gerade einen Orgasmus. Und zwar einen, der sich sehen lassen kann! Für's Protokoll: Ich werde Herrn Billerbeck noch sehr viele Orgasmen bescheren. Wenn er will, täglich. Ich fand's schön. Und er offenbar auch. Was kein Wunder ist! Besagtes Prozedere habe ich ja nun wahrlich oft genug an diversen Probanden durchexerziert. Ich weiß, wie ich vorgehen muss. Weil ich mir Papas Kamasutra-Handbuch zur Hand genommen habe. Es lag auf seiner Seite vom Bett, auf dem Teppich. Da habe ich es mir eines Nachmittags gegriffen und im Bad auf dem Wannenrand quergelesen. Was für eine Schweinerei! Tatsächlich richtet sich dieses Machwerk ausschließlich an Männer. Was fraglos total daneben ist. Mama schnallt natürlich nicht, dass sie sich den Inhalt auch besser mal hätte zu Gemüte führen sollen, um über die gleichen Mittel wie Papa zu verfügen. Stattdessen verweigert sie sich dem Kamasutra, weil sie sich nicht zum Objekt machen lassen möchte. Manchmal ist Mama so ein Opfer! Schlage deinen Feind mit seinen eigenen Waffen und mache ihn zum Opfer! Das Sprichwort ist mindestens so alt wie das Kamasutra.

Ich mache grundsätzlich genau das Gegenteil von dem, was Mama macht. Der Trick ist so simpel wie erfolgversprechend. Ich habe einfach keinen Bock darauf, komplett entrechtet zu enden wie sie. Ich will die Sache in der Hand behalten.

Ich will, dass Johannes gleich weiß, dass ich es besser kann als alle anderen Mädchen.

Er küsst mich auf die Stirn und murmelt: »Das war schön!«

Ich küsse seine Brust und schlinge meine Arme um ihn. Unabhängig von der Tatsache, dass ich es draufhabe, will ich mal eine Sache festhalten: Johannes und ich werden niemals miteinander schlafen. Aufgrund meiner traumatischen Erfahrung mit Falk. Ich werde überhaupt nie wieder Sex haben, weil es immer einen Kurzschluss zu diesem grausigen, entwürdigenden, widerwärtigen Erlebnis geben wird. Daher wird nur Johannes in den Genuss eines Orgasmus kommen. Aber so ist das eben, wenn man mit einer gehandicapten Person zusammen ist. Ganz davon abgesehen, dass es ohnehin mein Plan war, diesen Jungen rein platonisch zu lieben.

Ich denke, dass Johannes das klar ist. Er wollte ja nicht mal, dass ich ihm einen runterhole. Er fand es geschmacklos. Aber ich habe einfach mit meiner Kamasutra-Handmassage weitergemacht und irgendwann hatte er vergessen, dass er es geschmacklos findet. Ich finde es nicht geschmacklos. Was kann Johannes dafür, dass Falk unserer Sexualität in die Quere gekommen ist?

Ich würde gerne in Johannes hineinkriechen. Es wäre so schön, wenn er vorne einen Reißverschluss hätte, den ich einfach aufziehen könnte, um in ihm zu verschwinden, um ihm noch näher zu sein. Er küsst mich wieder und an der Haustür klingelt es Sturm. Johannes schreckt hoch und zieht sich sein blaues Poloshirt an, das am Fußende liegt. Es klingelt wieder. Johannes sucht seine Unterhose. Ich hebe die Bettdecke hoch.

»Dahinten liegt sie.«

Johannes streckt seinen Arm aus und holt die Unterhose zwischen Bett und Wand hervor. Es klingelt. Ich höre meinen Vater rufen: »Constanze!«

Dann meine Mutter: »Constanze!«

Ich gucke Johannes an, der mich anguckt. Ich sage: »Scheiße, was soll das denn?«

Johannes zuckt mit den Schultern.

Wir sind relativ entsetzt. Suchen meine Eltern mich jetzt etwa, um zu verhindern, dass ich mit Johannes Sex habe? Wollen die mich nicht mehr aus dem Haus lassen? Weil sie beide denken, dass ich schuld an dem bin, was heute passiert ist? Klatscht Papa Johannes jetzt eine? Das hat er schon mal gemacht. Bei Jules, dem französischen Austauschstudenten, als der unauffällig bei mir im Zimmer übernachten wollte. Papa kam einfach rein, hat Jules aus dem Bett gezerrt und ihm eine geklatscht. Ich bin voll ausgerastet. Aber vielleicht wollte er mich nur beschützen? Ich halte Johannes am Arm fest, als er vom Hochbett springen will. »Warte! Lass mich die Tür aufmachen!«

»Kommt nicht infrage! Ich wohne hier!« Johannes macht sich los und springt runter.

Ich rufe: »Aber hinterher haut mein Vater dir eine runter!«

»Na und?« Johannes steigt in seine beigen Cordhosen und schüttelt seine Seitenscheitelfrisur zurecht. Ohne Brille sieht er richtig verschärft aus. Er schiebt die Kommode zur Seite, schließt seine Zimmertür auf und verschwindet in den Flur. Ich höre die Windfangtür. Er denkt keine Sekunde nach. Wir könnten uns auch verstecken, anstatt uns dem Kriegstribunal zu stellen.

Aber Johannes ist unerschütterlich. Entschlossen. Das genaue Gegenteil von einem Feigling. Eine männliche Amazone. Sollte es so etwas geben! Ich rutsche vom Hochbett runter und im Flur höre ich die aufgeregten Stimmen meiner Eltern. Mein Vater ruft ins Haus rein: »Alexa? Bist du hier?«

Und meine Mutter fragt mit ihrer typischen Sorgenstimme: »Ist Alexa hier?«

Ich gehe raus in den Flur, wo meine Eltern mit Johannes stehen und wirres Zeug reden. Mein Vater hat Johannes sogar am Arm gepackt. Allerdings sieht er nicht wütend aus, sondern vollkommen aufgelöst. Er fragt wieder: »Ist Alexa hier?«

Und Mama verschwindet einfach die Flurtreppe runter und weiter in den Garten. Sie hat nicht mal ihre Stiefel an. »Alexa?« Ich sehe ihr nach. Klara, Georg und Friedhelm stehen draußen in bläulicher Abendluft auf dem Rasen. Ich folge Mama. Sie fragt Klara: »Hast du Alexa gesehen?«

»Vorhin.«

»Wann genau?«

Klara blinzelt nervös. »Ich weiß nicht. Heute Nachmittag?«

»Wann genau?«

Sie kratzt sich am Kopf und sieht rüber zu Georg. Als hätte sie Angst, dass sie gleich Ärger kriegt. »Schon länger her. Sie kam zu Joschi. Aber dann musste Joschi ins Krankenhaus, weil er sich ein Stück Wachs ins Ohr gesteckt hat.«

Mama fasst Klara am Arm. So, wie Papa das eben auch schon bei Johannes gemacht hat. »Ist Lexchen ins Krankenhaus mitgefahren?«

Klara schüttelt den Kopf. »Nee. Sie ist wieder gegangen.«

Mama dreht sich hin und her. Was ist hier überhaupt los? Ich frage: »Was ist los?« Als Mamas wirrer Blick an mir hängen bleibt, kommt kaum noch ein Ton aus ihrem Mund. Sie haucht nur noch. »Hast du Lexchen gesehen?«

Ich schüttle den Kopf. »Ich war in Johannes' Zimmer.«

Friedhelm hat Klaras Kaninchen auf dem Arm. Ich winke ihm kurz zu. »Hallo, Friedhelm.«

Georg zieht sich seine Wildlederjacke aus und streicht sich seine Haare zurück. »Jetzt mal langsam. Seit wann ist Alexa denn weg? Friedhelm und ich haben sie vorhin noch in der Siedlung gesehen. Sie war gerade auf dem Weg nach Hause.«

Papa kommt mit Johannes über die Schwelle zu uns auf den Rasen. Er hat seine kurze Gartenjeans an und ein T-Shirt, das ich gar nicht kenne. »Sie hat vorhin nach uns gerufen, aber da konnten Ulla und ich gerade nicht.«

»Wieso konntet ihr nicht?«, frage ich und gucke meine Eltern an. Wieso kann man nicht antworten, wenn einen das eigene Kind ruft?

»Weil wir nicht konnten.« Zum ersten Mal in meinem Leben klingt Mamas Stimme so, dass ich besser nicht noch einmal nachfrage.

Und mein Vater wirkt zum ersten Mal in meinem Leben ernsthaft besorgt. »Also von euch hat sie niemand gesehen?«

Wir schütteln alle unsere Köpfe und sogar Friedhelm sieht so aus, als würde er den Kopf schütteln. Papa holt tief Luft: »Und wo ist Rita?«

»Ich dachte, sie ist bei dir«, sagt Georg mit Blick auf Papa und krempelt seine Hemdärmel hoch. »Sie ist vorhin mit ihrer Reisetasche quer durch die Siedlung in eure Richtung gerannt.«

»Mit ihrer Reisetasche?« Johannes nimmt Klaras Kaninchen und setzt es wieder in den Stall, weil es Friedhelm auf die Hose gemacht hat. »Wollte Rita verreisen?«

Georg sieht Mama ratlos an und zieht die Augenbrauen hoch. Dann Papa. »Sagt ihr es mir!«

LEXCHEN

Es ist ziemlich komisch, was hier gerade passiert. Ich sitze neben Rita im Auto. Auf dem Beifahrersitz, obwohl ich körperlich dafür zu klein bin. Erst ab einer Mindestgröße von einem Meter fünfzig darf man nämlich vorne sitzen. Das weiß ich, weil wir das neulich erst in der Schule im Verkehrsunterricht gelernt haben. Ich sollte eigentlich hinten im Kindersitz mitfahren. Doch so was hat Rita natürlich nicht, weil Klara so ein Ding nicht mehr braucht. Jedenfalls kam Rita vorhin zufällig bei uns zu Hause vorbei, als mir niemand aufgemacht hat, und meinte: »Dann lass uns doch was Lustiges unternehmen.«

Und weil ich nicht wusste, wo ich sonst hinsollte, bin ich mit Rita mitgegangen. Obwohl sie meistens so schlechter Stimmung ist. Wir sind durch die Siedlung gehetzt. Sie meinte, wir müssen uns beeilen, weil wir sonst zu spät kommen für das, was sie vorhatte. Also bin ich so schnell gelaufen, wie ich konnte, weil Kinder immer das machen sollen, was ihnen Erwachsene sagen. Besonders Rita legt Wert darauf. Klara muss auch immer genau das machen, was Rita will. Sonst gibt's Ärger. Wir haben Billerbecks Auto aus der Garage geholt, das Georg und Friedhelm da glücklicherweise schon abgestellt hatten, und jetzt fahren wir am Waldrand entlang in Richtung von Cotschs Schule. Rita meint, wir besorgen jetzt auch noch Zwillingskleider für mich, damit ich mich nicht so ausgeschlossen fühle, wenn Joschi und Klara ihre Zwillingskleider anhaben. Was ich sehr freundlich von Rita finde.

Auch Rita scheint ihre Idee richtig klasse zu finden. Vermutlich ist ihr langsam klar geworden, dass Joschi mein bester Freund ist und sie mich nicht einfach aussortieren kann. Bestimmt ist ihr erst jetzt aufgefallen, dass wir auch gut zu dritt spielen können. Sie fährt ziemlich schnell. Wir sausen an der Pferdekoppel vorbei, nehmen zwei Kurven, fahren durch das Wohnviertel und dann die Brücke hoch, über den Kanal. Rita redet nicht mehr. Sie klammert sich am Lenkrad fest und guckt angespannt durch die Windschutzscheibe. Draußen wird es langsam dunkel, die Laternen gehen an. Ich mag diese Stimmung, wenn alles seine Farbe verliert. Aber eigentlich bin ich lieber zu Hause, wenn das passiert, als mit Rita im Auto.

Ich frage: »Hast du Mama gesagt, dass wir für mich Zwillingskleider besorgen?«

Rita guckt mich kurz an. »Nein.«

»Warum nicht?«

»Habe ich vergessen.«

»Aber jetzt weiß Mama nicht, wo ich bin.«

»Damit muss sie klarkommen.« Ritas Stimme klingt plötzlich gar nicht mehr begeistert, sondern noch strenger als sonst.

»Aber Mama macht sich Sorgen, wenn sie nicht weiß, wo ich bin.«

»Halt den Mund.«

Ich bin sofort still. Ich weiß nicht, was ich sagen soll. Ich schiebe meine Hände unter meine Beine. Wir fahren auf die Autobahn. Am Horizont ist noch violettes Licht. Darüber breitet sich der dunkle Abendhimmel aus. Mir ist kalt und ich will nach Hause. Ich sage heiser: »Ich will nach Hause.«

»Halt den Mund, habe ich gesagt.«

»Wohin fahren wir?«

»Weg.«

Rita wirft mir einen kurzen Blick zu. Ihr Gesicht ist wie aus Stein. Und ihre Augen sehen aus wie Murmeln. Richtig hässlich. Ich schlucke und in meinem Hals ist ein dicker Klumpen. Ich kriege ganz schwer Luft. Ich will nach Hause. Ich will aussteigen und nach Hause rennen. Zu Mama. Zu Cotsch und zu Papa. Aber man kann nicht bei voller Fahrt aussteigen. Rita fährt ziemlich schnell. Sie überholt ein Auto nach dem anderen und Mama wäre es gar nicht recht, wenn sie wüsste, dass Rita so rast. Ich fühle meine Sandalen an meinen Füßen. Meine Strümpfe. Ich rieche heimlich an meinem T-Shirt-Ärmel. Er riecht nach Mama. Mama wäscht immer unsere Sachen. Der Stoff von meinem T-Shirt ist ganz weich und kühl, es ist mein Freund. Ich streiche ein bisschen mit dem Finger über den Stoff von meiner Jogginghose. Meine Hose ist mein Freund. Meine Socken und meine Sandalen sind meine Freunde. Ich bin nicht allein. Fast alle meine Freunde sind bei mir. Mir kann nichts passieren. Ich finde Rita richtig bekloppt.

RITA

»Wollen wir ein bisschen Maria Callas hören?« Ich strecke meinen Arm aus, über Lexchens Knie in der Jogginghose, und klappe das Handschuhfach auf. »Da müssten ein paar Kassetten drinliegen. Guck doch mal, ob du die mit Maria Callas findest.«

Lexchen rührt sich nicht. Sie guckt mich nur an. Ich mache ihr Angst. Außerdem fahre ich zu schnell. Viel zu schnell. Dafür, dass ich im Grunde genommen nicht besonders sicher Auto fahre. Georg nimmt meistens den Wagen, um damit ins Büro zu fahren. Ich bringe Klara damit nur ab und zu zum Ballett, wenn es regnet. Der Unterricht findet aber quasi direkt bei uns um die Ecke statt. Ansonsten mache ich mit dem Auto samstags manchmal Einkäufe – ebenfalls bei uns um die Ecke. Ich frage so freundlich wie möglich: »Willst du keine Musik hören?«

Lexchen beugt sich nach vorne, nimmt mit ihren kleinen Händen ein paar Kassetten aus dem Fach und legt sie sich stumm in den Schoß. Ihre Stimme ist ungewohnt dünn, als sie fragt: »Wie sieht die Maria-Callas-Kassette denn aus?«

Was für eine dumme Frage! Klara wüsste sofort, wie

die Maria-Callas-Kassette aussieht! Ich hole tief Luft, um mich schnellstmöglich wieder zu beruhigen, und sage: »Du erkennst sie an der schönen, dunkelhaarigen Frau vorne drauf.«

»Die hier?« Lexchen hält die Callas-Kassette hoch.

»Ja, genau.«

Das kleine Mädchen reicht mir die Kassette und ich versuche, sie in den Rekorder zu schieben, was nicht geht, weil da noch Georgs Kassette drinsteckt. Ich hole sie raus und schmeiße sie auf den Rücksitz, um gar nicht erst zu gucken, was er gehört hat, als er alleine unterwegs war. Vermutlich seine Rockmusik. Was das anbelangt, kommen wir gar nicht zusammen. Seine Rockmusik-Vorliebe ist ein einziges blinkendes Symbol für meine Fehlentscheidung, mit ihm eine Familie zu gründen. Unsere inneren Strukturen passen einfach nicht zusammen. Georg ist simpel. Ich bin komplex. Er wird mich nie erfassen können. Niemals! Trotz Studium der Kulturwissenschaften. Und diese Fehlentscheidung hat jetzt dazu geführt, dass ich mit Ullas Kind, mit diesem kleinen, rothaarigen Mädchen, in der Dunkelheit die Autobahn hinunterschieße, ohne zu wissen, wohin wir überhaupt fahren sollen.

»Hast du Hunger?« Ich lächle sie kurz an. »Ich habe Früchteriegel dabei.« Maria Callas fängt an zu singen. *Con onor muore* – na, das passt ja wie die Faust aufs Auge! Nur bin ich nicht Madame Butterfly, die jetzt ihr geliebtes Kind an ihren verlogenen Liebhaber hergeben muss, sondern ich bin dieser üble Liebhaber, der ihr das Kind entreißt. Der gutgläubigen Ulla. Die, wie Madame Butterfly, nichts hat außer der bedingungslosen Liebe zu ihrem Kind. Ich verabscheue sie wirklich! Diese gutgläubigen Menschen, die es geradezu herausfordern, dass jemand wie ich kommt und ihnen zeigen muss, dass es im Leben keine Gerechtigkeit gibt. Dass sie besser nicht vertrauen sollten. Hätte Madame Butterfly diese Lektion frühzeitig begriffen, hätte sie nicht den Liebesschwüren geglaubt, würde sie jetzt nicht vor den Trümmern ihrer eigenen Torheit stehen.

Lexchen sieht aus dem Seitenfenster. Sie hat so kleine Ärmchen. Sie ist so still.

»Ist dir kalt?« Ich ziehe meine Jacke vom Rücksitz und lege sie ihr über den Schoß. »Hier, deck dich zu. Nicht, dass du dich erkältest.«

»Wohin fahren wir?« Lexchen dreht ihren Kopf mit all dem roten Haar und guckt mich an.

»Ich weiß es nicht«, sage ich entkräftet. »Ich weiß es nicht.«

»Können wir bitte wieder nach Hause fahren?« Ihre Stimme ist zart. Kaum noch hörbar.

Was tue ich hier eigentlich? Was genau habe ich vor? Will ich tatsächlich ein Kind entführen? Wozu? Damit Ulla mehr Liebe für mich übrig hat? Das ist doch lächerlich. Wie soll mich Ulla lieben, wenn ich ihr Kind entführe? Indem sie nicht erfährt, dass ich es war. Indem ich sie tröste. Indem ich ihren Verlust gemeinsam mit ihr trage. Indem wir beide wieder mehr oder weniger ungebunden sind. So, als wären noch nicht die wichtigsten Entscheidungen für unseren jeweiligen Lebensweg getroffen worden. Ich muss Lexchen loswerden. Nur wo?

ELLA

Joschi und ich steigen am Waldrand aus dem Bus aus. Wir lassen ein paar Autos vorbei, die über die Kopfsteinpflasterstraße holpern. An dieser Stelle, an der unsere Siedlung beginnt, haben sie die Straße noch nicht ausgebessert. Ich greife nach Joschis Hand, damit er nicht einfach losrennt, weil gerade kein Auto kommt. Er ist so ein Typ. Einfach rüber. Wahrscheinlich machen das alle Jungs so. Wir gehen näher an die Straße heran. Ich gucke nach rechts. Nach links. Auf beiden Seiten Lichter unter den weit ausladenden Baumkronen, die sich in der Mitte über der Straße treffen. Wie ein dunkler Blättertunnel. Am Ende leuchtet das blaue Schild der Aral-Tankstelle. Ich halte Joschis Hand ganz fest. Hinter uns weht der Wald. Vor uns liegt die Straße. Die Autos rauschen und holpern an uns vorbei. Mein Kleid flattert um unsere Beine.

Ich sehe hinüber auf die Gemeindewiese, an der sich die schmale Straße Richtung Siedlung entlangzieht. Unsere Straße, die wir als kleine Familie so oft im Auto hinuntergefahren sind, auf dem Weg nach Hause. Ich weiß nicht, ob Bernhard zu Hause ist. Ist er nach der Arbeit zu uns gefahren? Oder zu seiner Sekretärin? Hat er unsere Haustür mit seinem Schlüssel aufgeschlossen oder ist er der Sekretärin in ihre kleine Wohnung gefolgt?

Hat er ein stilles Haus vorgefunden? Oder küsst er gerade seine Sekretärin? Sitzt er jetzt im Dunkeln auf unserem Sofa und krault Esmeraldas Fell? Oder vögelt er gerade seine Sekretärin auf einem rosa Küchentisch? Sieht er hinaus in unseren Garten, der von der Laterne hinter der Mauer in milchiges Licht getaucht wird? Oder sagt er seiner Sekretärin, wie schön sie ist? Erwartet mein Mann uns? Seine Frau und seinen Sohn? Oder sitzt er gerade in einer verkitschten Einzimmerwohnung zwischen Rüschenkissen und Porzellankätzchen und versucht uns zu verdrängen?

Fragt er sich, wo wir sind? Macht er sich Sorgen? Vorwürfe? Vermisst er mich? Hat unser Wohnzimmer noch Bedeutung für ihn? Merkt Bernhard, dass er mich noch liebt? Erinnert er sich daran, dass wir uns einmal sehr geliebt haben? Dass ich ihn noch immer liebe? Wird er an der Tür auf uns warten? Im Licht? Wird er uns im leisen Amselgezwitscher entgegenkommen? Seine Arme ausbreiten, sodass seine Frau und sein Sohn hineinlaufen können? Wird er weinen? Seinen Kopf auf meine Schulter legen, warm in meinen Nacken weinen und mich um Verzeihung bitten?

»Mama!« Joschi zieht an meiner Hand. »Komm endlich!« Er macht einen Schritt auf die Straße. »Jetzt komm!« Er lässt mich los. Er rennt einfach. Zwischen zwei hupenden Autos hindurch. Eins kommt von links, eins von rechts. Ich sehe meinen Sohn um sein Leben hüpfen. Ich schreie einen gewaltigen Schrei. »Joshua!« Schrill und laut. Bremsen. Hupen. Ich renne zwischen den Autos meinem Sohn hinterher. Er steht auf der anderen Seite der Fahrbahn, mit weit aufgerissenen Augen. Ich schreie: »Willst du dich umbringen?«

Und er brüllt: »Wenn du nicht kommst!«

Es wird immer meine Schuld sein. Egal, was mit unserer kleinen Familie passiert. Es wird meine Schuld sein. Weil ich da bin.

JOHANNES

Langsam wird es schräg. Constanze und ich haben manuell Sex und meine durchgeknallte Mutter entführt Constanzes kleine Schwester. Ich denke, dass wir die Sachlage inzwischen so einschätzen dürfen. Meine Mutter hat ein kleines Mädchen entführt. In unserem Familienwagen. Hätte ich es verhindern können? Wohl kaum. Ich habe mich um Constanzes Seelenheil gekümmert. Ich bin nicht für meine Mutter zuständig. Das ist eindeutig der Verantwortungsbereich meines Vaters, der sich wiederum um das Seelenheil seines behinderten Bruders gekümmert hat – und zwar vorbildlich.

Im Übrigen verstehe ich nicht, was die ganze Aktion soll. Was will Rita damit erreichen? Ist meine Mutter durchgedreht? Oder tritt jetzt zutage, was die ganze Zeit in ihr geschlummert hat? In jedem Fall finde ich es echt beängstigend. Wir sitzen alle zusammen in unserem cremeweiß eingerichteten Wohnzimmer. Auf den Sofas, die zu einer Sitzgruppe zusammengestellt sind. Die Erwachsenen haben Cognacschwenker in den Händen und nippen nervös daran. Mein Vater steht in seinen beigen Cordhosen neben dem Lounge-Sessel, auf dem er Friedhelm platziert hat, weil das Friedhelms Lieblingsplatz bei uns ist, wie bereits von mir erwähnt. Rainer sitzt neben Klara auf einem der Sofas. Ulla steht am Fenster und ich sitze mit Constanze auf dem Fußteil vom Lounge-Sessel.

Mein Vater hat gerade die Stehlampe angeknipst und wir überlegen, ob wir die Polizei rufen sollen und wohin meine Mutter mit Constanzes kleiner Schwester gefahren sein könnte. Uns fällt nur unsere Oma ein – Ritas Mutter. Wir haben sie schon informiert, dass Rita eventuell bald bei ihr eintreffen wird. Sollte meine Mutter allerdings in der nächsten halben Stunde nicht bei meiner Oma ankommen, rufen wir die Polizei. So haben wir es uns überlegt. Also warten wir jetzt einfach ab, was passiert. Wir starren vor uns hin und ich würde wirklich gerne wissen, ob meine Mutter geisteskrank ist und ob das eventuell vererblich ist. Oder ob sie einfach einem gewissen seelischen Druck nicht mehr standhalten konnte. Mein Vater gießt sich noch einen Cognac ein. Ulla flüstert irgendetwas. Cotsch umklammert meine Hand und zehn Minuten später klingelt das Telefon. Wir zucken alle zusammen, und Rainer springt vom Sofa auf. Ulla greift nach dem Apparat und hält ihm den Hörer hin. Seine Hand zittert. »Hallo?« Meine Oma ist dran. Rita ist bei ihr zu Hause angekommen – mit Lexchen. Das ist unfassbar schräg. Ich schüttle den Kopf und hoffe, dass diese Aktion nicht auf mich zurückfällt. Ich sehe Constanze an und sage leise in ihr Haar: »Falls du dich das fragst: Ich komme eher nach meinem Vater.«

GEORG

Ich habe in meinem ganzen Leben noch nie jemanden geschlagen. Noch nie einen Kinnhaken verteilt. Ich bin durch und durch Pazifist. 1968 war ich bei Friedens-Demos in West-Berlin mit dabei. Wir, der Sozialistische Deutsche Studentenbund, allen voran Rudi Dutschke, haben gegen den Vietnamkrieg demonstriert. Ich habe versucht, den Wehrdienst zu verweigern. Einundachtzig bin ich nach Bonn und habe mit einer halben Million Leute gegen den NATO-Doppelbeschluss protestiert und gegen die atomare Bedrohung. Bei Wind und Wetter! Sogar Heinrich Böll hat uns Mut zugesprochen! Dass es nur friedlich geht. Wieso hat mir all das in unserer Ehe eigentlich keine Bonuspunkte gebracht?

Ich stelle das Cognacglas neben den Plattenspieler. Ich bin wirklich ein großer Bewunderer Heinrich Bölls. Wirklich. Ein absolut friedlicher Zeitgenosse. Wir haben einige seiner Werke im Bücherregal stehen. *Doktor Murkes gesammeltes Schweigen. Ansichten eines Clowns. Wanderer, kommst du nach Spa ... Irisches Tagebuch.* Ich kremple meine Hemdärmel hoch. Interessant, dass man das wohl wirklich so macht, kurz bevor man vorhat, jemandem eine zu verpassen. Ich kremple meine Hemdärmel hoch. Ich weiß, das ist jetzt nicht der geeignete Zeitpunkt. Ich knöpfe die beiden oberen Knöpfe auf. Ich ziehe meine Schuhe aus, um besseren Halt auf dem Teppich zu haben. Aber ich muss es tun. Auch, wenn Rainer ohnehin schon enorm zerschlagen aussieht. Barfuß komme ich hinter dem Lounge-Sessel hervor. Es tut mir leid. Und es tut mir leid, dass Friedhelm das jetzt mit ansehen muss. Ich streiche über seinen Kopf. Ich wünschte, niemand müsste das mit ansehen, was gleich passiert. Aber jetzt, wo klar ist, dass wir Lexchen gefunden haben, machen sich mein innerer Widerstand und mein Wunsch nach Korrektur wieder bemerkbar. Bestimmt nicht der passende Augenblick. Aber jeder Mensch hat nun mal seine Agenda. Und meine Agenda ist, mich nicht länger an die Seite drängen zu lassen. Sondern endlich oder wieder ein ernst zu nehmender Mann zu sein. Ich sage: »Rainer?«

Etwa zwei Meter von ihm entfernt bleibe ich stehen. Ich stelle mich breitbeinig hin. Ich sage: »Rainer, steh auf!«

Er sieht erstaunt zu mir hoch. Ulla habe ich links im Augenwinkel, wie sie noch immer den Telefonapparat umklammert. Rainer hat bemerkenswert breite Schultern. Ein gleichmäßiges Architekten-Gesicht. Als hätte er das statisch durchkonzipiert. Damit auch alles an der richtigen Stelle sitzt. Dem goldenen Schnitt entsprechend. Wie kann man so gut aussehen? Wie kann man solch ein Mann sein? Wie kann man glauben, in meinem Wohnzimmer sitzen zu können, neben meiner Tochter, kurz nachdem man meine Frau angemacht hat?

Ich kenne den Spruch: *Live fast, love hard, die young.* Ich kenne ihn und ich finde ihn inspirierend. Anfang der Sechziger habe ich ihn sogar nachts mit roter Farbe an das Garagentor unserer Nachbarn gepinselt. Trotzdem bin ich nicht jung gestorben. Das Herbeisehnen des frühen Todes ist eine innere Philosophie der Jugend, um das Leben zu feiern. Heftig zu lieben ist ein romantischer Traum der Ahnungslosen, die glauben, nichts zu verlieren zu haben. Das andere, dieses hier, dieses Familienwohnzimmer mit angrenzender Küche, das ist die verdammte Realität. Ich sage: »Steh auf, Rainer.«

Er seufzt: »Was ist los?«

Er sieht mich ahnungslos an. Verstört. Meine Frau hat seine Tochter in unserem Mercedes mitgenommen, obwohl Rita nicht einmal übermäßig gut Auto fährt. Das ist zugegebenermaßen ziemlich wahnsinnig. Mein Mitgefühl wird sich allerdings erst wieder einschalten, wenn ich meine Integrität zurückerobert habe. Ich sage: »Steh auf!«

»Warum?« Er steht auf und ich sage: »Es tut mir leid!«

Ich hole aus und donnere Rainer meine Faust ins Gesicht. Wie in *Vier Fäuste für ein Halleluja*. Er sieht mich an. Erstaunt. Erschüttert. Ratlos. Dann kippt er in seinem Hemd zur Seite weg und fällt meiner Tochter direkt vor die Füße in ihren roten Sandalen. Sie springt auf und kreischt: »Papa! Bist du wahnsinnig geworden!?«

Dann ist es ziemlich still. Keiner rührt sich. Mal abgesehen von dem aufgeregten Friedhelm, der in seinem Lounge-Sessel jaulende Laute von sich gibt. Bis Ulla langsam den Telefonapparat zurück auf die Fensterbank neben einen Stapel Bücher stellt und sich zu Rainer auf unseren Teppich kniet. Sie zieht seinen Kopf in ihren Schoß. Er zwinkert und schnauft. Sie streicht ihm über das Haar und fragt mit zittriger Stimme: »Hast du Schmerzen?«

Aber er schiebt Ulla einfach mit ausgestrecktem Arm weg und richtet sich auf, bis er sitzt. Zum Glück blutet er nicht. Nur seine Augen tränen. Johannes reicht ihm eine von unseren weißen Stoffservietten und sieht mich wütend an. »Spinnst du, Georg?«

Unsere Kinder nennen uns Eltern für gewöhnlich beim Vornamen. Das war Ritas progressive Idee. Irgendwo hatte sie gelesen, dass das gut für Kinder sein soll. Ich habe da so meine Zweifel. Es führt dazu, dass sie »Spinnst du?« zu einem sagen. Ich werde sie nicht schlagen. Aber zukünftig eine Grenze ziehen. Rainer war erst der Anfang von dem, was ich in meinem Leben viel früher hätte tun sollen: Zeigen, wann es reicht.

COTSCH

Papa hält seine Hand mit dem goldenen Ehering hoch. Damit wir ihn alle sehen können. Dann streckt er seinen Arm aus, streicht über mein Knie und sagt: »Mein Kind.«

ELLA

Ich versuche, nicht durchzudrehen. Bei mir zu bleiben. In meiner Mitte. Zen-buddhistisch. Nicht vor lauter Schmerz zu schreien. Als würden die Stille und die Dunkelheit in unserem Zuhause nichts bedeuten. Als wäre alles ganz normal. Als wäre es so geplant, dass Bernhard nicht im Wohnzimmer auf uns wartet. Als wäre das Teil der Abmachung für diesen Tag. Ich will Joschi nicht beunruhigen. Sein Vater ist nach der Arbeit nicht nach Hause gekommen. So, als gäbe es seinen Sohn und mich nicht mehr. Als könnte er sein Fernbleiben einfach so entscheiden.

Ich schalte das Licht im Flur an. In allen Räumen ist es dunkel. Ich gehe weiter ins Wohnzimmer, schalte das Licht an. Dann in der Küche über dem Herd. Ich stelle Joschi einen Teller auf den Küchentisch. Lege meine Tasche auf den Stuhl. Mache meinem Sohn in der Küche einen Toast mit Käse. Ein Glas mit Orangensaft. »Bin gleich wieder da.« Ich streiche ihm über den Kopf. »Setz dich hin und iss.«

Esmeralda kommt mir auf leisen Pfoten entgegen. Sogar

sie lächle ich an. Nichts anmerken lassen. Ich gehe barfuß durchs Wohnzimmer in den Flur. Die Treppe hoch ins Obergeschoss. Liegt Bernhard vielleicht in unserem Bett? Erschlagen von all dem Durcheinander? Ich schiebe unsere Schlafzimmertür auf. Knipse das Licht an. Der geflochtene Lampenschirm schleudert Lichtregen in unser Zimmer. Unser Korbstuhl in der Ecke vor dem Fenster. Unser unberührtes Bett mit der gehäkelten Überdecke. Die Vorhänge halb zugezogen. So wie immer. Alles wie immer. Nur kein Zimmer mehr für Eheleute. Werden Joschi und ich ausziehen? Wird Bernhard hier wohnen bleiben? Wird seine neue Freundin hier einziehen? In unserem Bett schlafen? Mit meinem Mann Sex haben? Die Beine ineinander verschlungen? Werden sie sich die ewige Liebe schwören? So, wie wir früher? Atemlos: »Ich liebe dich! Ich liebe dich! Ich liebe dich!« Aber jetzt, dieses Mal wirklich, Bernhard? Ich ziehe die Tür wieder zu. Gehe ins Bad, nur um im Spiegel zu sehen, dass es mich noch gibt. Das Licht glimmt auf. Ich lächle mich an. Von abstrakter Palmen-mit-Kokosnuss-Tapete umgeben, als wäre ich im Dschungel gelandet. Meine Augen sehen verquollen aus. Die Schminke ist weg. Ich tusche meine Wimpern neu. Lächle wieder und schalte das Licht aus. Ich lausche.

Von unten aus der Küche höre ich Joschi leise mit Esmeralda reden. Ich will nicht weinen. Ich höre seine liebevolle Jungsstimme, die keine Ahnung von all den Schmerzen hat, die wir Erwachsenen in uns tragen, die wir uns gegenseitig zufügen, die sich in uns anhäufen, ohne jemals wieder abgetragen zu werden. Er glaubt noch, dass die Menschen sich nicht verletzen. Ich will nicht weinen. Ich meditiere täglich. Ich weiß, wie man in seiner Mitte bleibt. Wie man nicht leidet. Wie man akzeptiert. Wie man aus nichts ein Problem macht. Auf dem schmalen Grad der Gegenwart haben Probleme keinen Platz. Keine Vergangenheit. Keine Zukunft. Ich stehe jetzt auf unserem bunt gestreiften, knisternden Kunstfaserteppich. Würde ich ein Streichholz darauf fallen lassen, würde in wenigen Sekunden das ganze Haus in Flammen stehen. Puff!

Ich halte mich am Treppengeländer fest und gehe wieder nach unten. An der Kellertreppe liegt meine Jeans, die ich heute Nachmittag eigentlich runter in die Waschküche bringen wollte. Ich ziehe sie wieder an, weil mir kalt ist. Ich hänge mir die Wolldecke vom Sofa über und frage Joschi, als ich wieder in die Küche komme: »Ist dir kalt?«

Er isst seinen Toast auf. Auf seinem Schoß liegt Esmeralda. Joschi schüttelt den Kopf. Ich weiß nicht, wo Bernhard ist. Ich weiß nicht, wo ich meinen Mann erreichen kann. Joschi fragt: »Wo ist denn Papa?«

Ich ziehe die Augenbrauen hoch und gebe ihm einen Kuss auf die Stirn. »Keine Ahnung. Vielleicht drüben bei Billerbecks. Wollen wir rübergehen?« Meine Stimme zittert. Meine Hände zittern. In mir zittert alles.

JOSCHI

Mama und ich laufen durch die Siedlung. Keine Ahnung, wie spät es ist. Jedenfalls ist außer uns niemand unterwegs. Wir suchen Papa. Wir vermuten, er ist bei Billerbecks. Da geht er alle Jubeljahre mal hin, um mit Klaras Papa ein Bier zu trinken. Dann stehen sie rum und labern irgendwas, weil sie sich eigentlich nichts zu sagen haben. Mein Vater interessiert sich in seiner Freizeit für Atari und Computerkonsolen und Klaras Vater eher für langweilige Sperrholzarbeiten. Mama hat sich die Wolldecke von unserem Sofa übergehängt und unter ihrem Kleid trägt sie eine Jeans. Sie hält meine Hand fest und jetzt rennen wir fast. Ihre Armreifen klimpern. Wir rennen wie Gespenster die schmalen, dunklen Gänge hinunter, manchmal werden sie von einer Laterne erhellt. Dann wird es wieder dunkel um uns herum, sobald Sträucher aus den Vorgärten hervorquellen oder Bäume ihre Äste über die Mauern hängen lassen. Nachdem wir ein paarmal nach rechts und links und über den Mittelweg gelaufen sind, springen wir die Stufen zu Billerbecks Haustür hoch. Mama klingelt. »Okay.«

Gerade will ich ihr noch vorschlagen, die Wolldecke auszuziehen, damit sie nicht so einen verwirrten Eindruck macht, da geht schon die Haustür auf. Lexchens Mutter macht auf. Mit umgehängter Wolldecke und Jeans. Mama ist kurz überrascht. Genau wie Ulla. »Hallo!«

Wir murmeln auch »Hallo!« und schlängeln uns an ihr vorbei in Billerbecks Flur. Hinter uns geht die Haustür wieder zu und wir bewegen uns alle zusammen ins Wohnzimmer, wo die halbe Siedlung versammelt ist. Alle gucken uns an und Mama fragt: »Ist Bernhard hier?« Mitten in die Runde hinein. Alle schütteln ihre Köpfe, ohne etwas zu sagen.

Georg reicht meiner Mutter ein Glas mit Cognac. »Hat Bernhard gesagt, dass er hier ist?«

Mama legt ihre Wolldecke über einen Hocker, sodass sie gleich auf den Boden fällt. »Ich hatte es nur gehofft.«

Alle nicken stumm. Constanze. Klara. Johannes. Alle Kinder sind da. Nur Lexchen fehlt. Ich frage erstaunt: »Ist Lexchen nicht hier?«

Und meine Mama fragt nochmal mittenrein: »Weiß jemand, wo Bernhard ist?«

LEXCHEN

Ich weiß, vor Gott sind alle gleich. Aber Rita hat eine Schraube locker. Sie ist mit mir zu ihrer alten Mutter nach Bielefeld gefahren. Keine Ahnung, warum. Ich sitze an ihrem Küchentisch und soll ein Käsebrot essen. Das hat mir gerade die Mutter von Rita gemacht. Ich kenne sie schon lange, weil sie bei uns in der Siedlung oft zu Besuch ist. Sie hat ein ganz liebes Gesicht mit roten Wangen. Und so graue, kinnlange Haare. Als Rita den Wagen vor dem Haus geparkt hat, ist Ritas Mutter gleich in Hausschuhen rausgekommen, hat die Fahrertür aufgemacht und zu Rita gemeint: »Bist du von allen guten Geistern verlassen?«

Bevor Rita irgendetwas sagen konnte, ist ihre Mutter schon ums Auto gelaufen, hat meine Tür aufgemacht und mich abgeschnallt. »Geht es dir gut, mein Kind? Ist dir kalt? Hast du Hunger?«

Sie hat meine Hand genommen und ist mit mir eilig ins Haus gehuscht. Da hat sie mir einen gestrickten Pullover von sich gegeben, den ich sofort überziehen sollte. Dazu hat sie immer wieder gesagt: »Du siehst ja ganz blass aus!« Dann sind wir weiter in die Küche, wo ein gemalter Kalender von Klara an der Wand hängt. Direkt neben dem Kühlschrank. Ich habe ihn sofort an der gemalten »Jugend-musiziert«-Medaille erkannt. Und an dem Selbstporträt von Klara mit den strahlend blauen Filzstiftaugen und der Geige. Ihre Oma hat mir das Käsebrot geschmiert, mir einen Apfel aufgeschnitten und ist dann wieder raus in den Flur, wo Rita einfach eine Zigarette geraucht hat. Weswegen die Oma gleich geschimpft hat. »Mach die Zigarette aus! Sofort! Mach sie aus! In diesem Haus wird nicht geraucht!«

Rita hat die Zigarette aus der Haustür geworfen und gemeint: »Dann gib mir wenigstens einen Schluck Wein.«

»Setz dich ins Wohnzimmer!« Die Oma hat mit Rita richtig streng gesprochen. Wie mit einem ungezogenen Kind. Rita ist ins Wohnzimmer verschwunden und die Oma hat in der Küche eine Flasche Wein aus dem Kühlschrank geholt und ganz wenig davon in ein Glas gegossen. Sie hat mich angesehen und gesagt: »Iss schön. Ich bin gleich wieder da. Ich rufe eben deine Eltern an, dass sie dich abholen kommen.«

In dem Augenblick dachte ich, dass es nicht viele Menschen auf der Welt gibt, die so einen Durchblick wie Ritas Mutter haben und genau wissen, was Kinder brauchen. Ich habe durch die Tür gehört, wie sie Mama und Papa angerufen hat. Ich habe gehört, wie sie mit Rita geschimpft hat, was sie nur für Sachen macht. Und als ich das Käsebrot aufgegessen hatte, habe ich meinen Kopf auf die Tischplatte gelegt und fand es seltsam, wo ich gelandet bin.

GEORG

Es ist eine ziemlich merkwürdige Atmosphäre hier im Auto. Ich sitze auf dem Rücksitz. Rainer fährt und Ulla sitzt neben ihm. Keiner von uns redet. Ich vermute, wir fragen uns alle insgeheim, ob wir sauer aufeinander sein sollten. Was mich betrifft, kann ich nur sagen: Ich bin nicht mehr wütend auf Rainer. Wir haben die Angelegenheit geklärt. Von Mann zu Mann. Fühlt sich gut an. Im Übrigen hat er meine Frau gar nicht angemacht. Wie er mir eben erklärt hat, wollte er lediglich die Beziehung zwischen Rita und Ulla etwas aufbrechen und entschärfen. Da sich die beiden Frauen, wie er sagt, über die Jahre in eine ungute Dynamik hineinbegeben haben. Sie haben Front gegen Rainer und mich gemacht. Das habe ich bisher gar nicht so gesehen. Aber als Rainer das eben so geschildert hat, klang das alles für mich sehr schlüssig.

Die Frage ist also viel eher: Ist Rainer sauer auf mich, weil ich ihm in dieser sowieso schon angespannten Situation ins Gesicht geschlagen habe? Oder sieht er diese Handlung vielmehr als logisches Resultat unserer in die Enge getriebenen Leben? Weil wir in der Gegenwart unserer Frauen nicht mehr wissen, wer wir sein sollen oder dürfen, und es daher von unserer Seite irgendwann zu radikalen Reaktionen kommen musste. Ich werde mich nachher noch einmal in aller Form bei ihm entschuldigen. Jetzt, vom Rücksitz aus, käme mir das etwas zu mickrig vor. Ich klopfe ihm auf die Schulter. Immerhin hat Rainer meinen Befreiungsschlag ausgelöst. Im wahrsten Sinne des Wortes.

Ulla dreht sich kurz zu mir um. Ist sie wütend auf mich? Weil meine Frau mit ihrer kleinen Tochter besinnungslos durch die Weltgeschichte fährt? Könnte sein, obwohl ich mit der ganzen Sache nichts zu tun habe, außer dass Rita meine Frau ist, es aber eigentlich gar nicht sein will. Ich rutsche nach vorne zwischen die beiden Sitze und frage: »Was genau ist das zwischen dir und meiner Frau?« Um weitere Missverständnisse auszuschließen, tippe ich Ulla auf die Schulter. »Ist das noch als reine Frauenfreundschaft zu bezeichnen oder geht das tiefer?« Ich möchte ganz aufrecht verstehen, wer meine Frau ist und was sie sich für ihr Leben wünscht. Denn offenbar sind einige Sehnsüchte unerfüllt geblieben, von denen ich gar nichts geahnt habe.

Und auch Rainer guckt kurz zu Ulla rüber: »Ja, was ist das eigentlich zwischen euch? Irgendetwas muss Rita ja so aus der Bahn geworfen haben, dass sie jetzt ohne Sinn und Verstand mit Lexchen unterwegs ist.«

Ulla dreht sich zu mir um. Dann starrt sie Rainer an. »Ist das euer Ernst? Ihr fragt mich jetzt, hier im Auto, worin die Freundschaft zwischen Rita und mir besteht?«

Rainer und ich sagen wie aus einem Mund: »Ja!« Ich klammere mich an den Rückenlehnen der Vordersitze fest. Meine Stimme klingt kläglich, als ich frage: »Liebt ihr euch?«

Ulla tippt sich an die Stirn. »Unfug.«

Rainer blinkt und zieht einmal quer rüber auf die rechte Fahrspur, um die nächste Ausfahrt zu nehmen. Viele Autos sind nicht mehr unterwegs. Es ist nach Mitternacht und ich würde jetzt wirklich gerne wissen, was meine Frau für Ulla empfindet. Kann Ulla ihr etwas geben, wozu ich als Mann gar nicht in der Lage bin? Ich habe Angst vor ihrer Antwort. Ich weiß nicht, ob ich damit zurechtkomme. Aus einem Gefühl der Ordnung oder Verpflichtung heraus. Oder sogar Zuneigung. Gleichzeitig kann ich mit dieser offenen Frage nicht weitermachen. Ich bin kein Bob Dylan, der sich urplötzlich entscheidet, dass die Ehe für ihn nichts mehr bedeutet. Und genau das Gleiche wünsche ich mir von Rita. Ich will keine Scheidung. So bin ich nicht. »Hattet ihr Sex?«

ULLA

Ich werde Georg nicht antworten. Nur weil zwei Frauen miteinander befreundet sind, müssen sie nicht unweigerlich miteinander rummachen. Was für eine abstruse Männerfantasie. Ich drehe mich zu Georg um und sage trocken: »Ich will nur mein Kind zurück.«

Georg lässt sich nach hinten auf die Rückbank sinken. Ich drehe mich wieder um, mein Blick geht durch die Windschutzscheibe. Raus auf die schwarze Fahrbahn, in der Mitte der reflektierende weiße Streifen. Vermutlich sind wir alle ein bisschen überreizt. Dann sehe ich Rainer von der Seite an. Sein gleichmäßiges Gesicht erstrahlt im künstlichen Licht des Armaturenbrettes. Ich lege meine Hand auf seinen Oberschenkel und sage: »Ich will unser Kind zurück.«

Rainer legt seine Hand auf meinen Oberschenkel und wir fahren ziemlich schnell. Draußen wehen die schwarzen Schatten der Bäume. Über uns der bläuliche Nachthimmel.

Dahinter endlose Weite. Diesen ganzen Weg ist mein Lexchen alleine mit Rita gefahren. Hatte sie Angst? Hat sie sich gefragt, was das alles soll? Wenn ich ihr heute Nachmittag geantwortet hätte, als sie im Flur nach mir gerufen hat, wäre das alles nicht passiert? Oder ist auch das nur passiert, damit ihre Eltern endlich wieder gemeinsam in diesem Auto sitzen? Ich streiche über Rainers Oberschenkel und sage fast zärtlich: »So bin ich nicht.«

RAINER

»Falk Berenstein hat unsere große Tochter vergewaltigt.« Ich rase die Autobahn hinunter. So, wie ich in letzter Zeit sehr oft die Autobahn hinunter gerast bin. Auf dem Weg zu Terminen. Um noch rechtzeitig zu kommen, um alles zu schaffen, und weil ich ratlos war. Über meine Situation als Mann, als Vater, der den Zugang verloren hat zu Ulla und zu seinen Töchtern. Der nicht mehr wusste, was er zu Hause soll.

Georg rutscht zwischen die Vordersitze. »Bitte?«

»Heute Mittag. Nach der Schule.« Ich blinke und rase quer über die Autobahn, schneide einen weißen Polo auf dem Mittelstreifen. Hinter uns hupt es. Das Hupen verebbt im Nirgendwo und ich kriege gerade noch die Ausfahrt. Wir schießen die Kurve hinauf und ich ignoriere das Stopp-Schild, so, wie ich das neuerdings immer mache. Fahre einfach weiter. Ich sehe ja, dass alles frei ist. Georg klopft mir auf dic Schulter. »Fahr mal ein bisschen langsamer.«

Ich tue ihm den Gefallen, aber eigentlich auch nur, weil Ulla ihre Hand von meinem Oberschenkel genommen hat und sich am Anschnallgurt festklammert. Ich spüre, wie mich Georg von schräg hinten abwartend ansieht. Schon wieder legt er mir seine Hand auf die Schulter. Als wollte er sagen, dass er bei mir ist. Der Mann, der mir gerade noch eine reingezimmert hat. War allerdings nicht besonders kraftvoll. Wer wie ich als junger Student in der schlagenden Verbindung war, ist anderes gewöhnt. Trotzdem finde ich es anerkennenswert, dass er weiterhin versucht, offen zu bleiben. Also bleibe ich auch offen. Ich räuspere mich. »Er hat Constanze einfach hinter dem Schulsportplatz gepackt und meine Tochter …« Mir bricht die Stimme weg und ich merke, wie alles in mir weinen will. Wie sich alles in mir dem Schmerz ergeben will. Was ich nicht zulasse. Ich lasse es nie zu.

»Ist das wahr?« Georg drückt meine Schulter. Ulla wirft ihm einen kurzen Blick zu und ihre Hand liegt wieder auf meinem Oberschenkel. Zum Zeichen der Verbundenheit.

Ich nicke und atme tief ein. Um die Trauer niederzudrücken. Meine Stimme ist heiser. »Ich habe sie nicht beschützt.«

Georg fragt, als könnte er es nicht glauben: »Falk Berenstein? Der Cello-Lehrer von Johannes? Dieser langhaarige Typ, der sich für den Jimi Hendrix der Cello-Suiten hält?«

Ulla nickt und wischt sich über die Augen. »Ja.« Dann streicht sie wieder über meinen Oberschenkel, als wollte sie mich trösten. Als sei mir etwas Schlimmes passiert. Und es stimmt. Mir ist etwas Schlimmes passiert. Ich habe aufgehört, meine Familie zu beschützen. Habe aufgehört, ihr Oberhaupt zu sein. Nicht im patriarchalischen, sondern im archaischen Sinn. Ich schüttle den Kopf und sage es noch mal. Damit alle Welt es weiß. »Ich habe mein kleines Mädchen nicht beschützt.«

Ulla schüttelt den Kopf. Sie will irgendetwas sagen. Ein zarter Laut kommt aus ihrem Mund. Aber stattdessen streicht sie mir über das Haar, meinen Nacken. Wie einem kleinen Jungen, der Trost braucht. Der wissen soll, dass er beschützt ist. Dass alles wieder gut wird. Dass er nicht alleine ist. Dass ihm vergeben wird. Dass er geliebt wird. Dass er die Augen aufmachen und erkennen soll, dass sich an seiner Geborgenheit nichts geändert hat – egal, welchen Fehler er auch immer begangen hat. Ich flüstere rau. »Genau dafür ist ein Vater da! Um seine Kinder zu beschützen.«

GEORG

Ich weiß nicht, was ich sagen soll. Das Mädchen, das ich seit frühester Kindheit kenne, das Mädchen mit der beeindruckenden Stimme, der Anmut, dem Kampfgeist, das Mädchen, das in dieser Familie zu Hause ist, das jetzt offenbar mit meinem Sohn zusammen ist, wurde hinter dem Schulsportplatz vergewaltigt. In was für einer Welt leben wir eigentlich?

Ich steige eine Treppenstufe nach der anderen nach oben. Ich gucke mir ein Foto nach dem anderen an. Johannes und ich unterm Rasensprenger. Johannes und ich mit unserem Kaninchen. Und dann kommt mein Lieblingsbild: Johannes und ich auf der Mauer vom Hochbeet, wo wir beide ein Stück Marmorkuchen essen. Das war an meinem siebten Geburtstag. Als ich meinen Steiff-Hund bekommen habe. »Bella« liegt vor uns auf dem Rasen. Wie ein echter Hund. Sie ist so schön.

Ich steige die letzten Stufen hoch. Ich ziehe meine Zwillingsweste aus, lasse sie einfach auf den Boden im Flur fallen. Dann die Hose. Die Socken. Ich will kein Zwilling mehr sein. Ich knipse das Licht in meinem Zimmer an und bleibe in der Tür stehen. Ich sehe in mein Kinderzimmer hinein. Mein Zimmer. Mit meinen Sachen. Alles ist weg. Mein Schreibtisch ist leer. Leer. Meine bunten Stifte sind weg. Meine Bilderbücher, die immer auf dem Boden neben meinem Bett lagen, sind weg. Ich drehe mich um. Mein Puppenwagen ist weg. Meine Lisbeth ist weg, Bella, mein Hund. Die *Wurzelkinder*-Bilder an den Wänden. Weg. Auf meinem Bett liegt nur noch meine blaue Überdecke. Meine Wunschliste für meinen Geburtstag ist vom Kleiderschrank gerissen. Im Bücherregal sind fast keine Bücher mehr. In der Ecke daneben stehen mein Notenständer und meine Geige. Die Fensterbänke sind leer. Alle Figuren, die ich in der Schule getöpfert habe, sind weg. Meine Origami-Schmetterlinge. Meine Kindheit. Meine Mutter. Meine Welt ist weg. Mama. Halt mich.